hugo
ADVANCED
SPANISH

Graham J. Bartlett & Angel M. Garrido

DK

OOK

LONDON, NEW YORK, MUNICH,
MELBOURNE, AND DELHI

This edition published in Great Britain
in 2004 by Dorling Kindersley Limited,
80 Strand, London WC2R 0RL

First published in Great Britain by Hugo's Language Books
Limited, 1996

A CIP catalogue record is available from the British Library.
ISBN 1–4053–0483–9

Hugo Advanced Spanish is also available in
a pack with three CDs, 1–4053–0486–3

Hugo Advanced Spanish is also available with Hugo Spanish in
Three Months as Hugo Complete Spanish in
a pack with six CDs, ISBN 1–4053–0489–8

Written by
Graham J. Bartlett, M.A. (Cantab)
Head of Spanish at Westminster School, London
and
Angel M. Garrido, M.Sc. (Indiana), M.A. (Lancaster)
Language Consultant and Spanish Tutor at
The Earnley Concourse, Chichester

Edited by
Cecilia Garrido, B.A., M.A. Linguistics
Sub-dean, Faculty of Education and Language Studies
The Open University

This edition was updated by Grant Laing Partnership. The
authors are not responsible for any errors that may have been
introduced in the current edition of the book or recordings.

Printed and bound in China by Leo Paper Product Limited

see our complete catalogue at
www.dk.com

Contents

Preface

You will probably have completed a self-study beginners' course such as *Hugo Spanish in Three Months,* or perhaps you simply wish to brush up your knowledge of Spanish prior to visiting one of the Spanish speaking countries. Whatever your reasons for wanting to take your Spanish further, you will find this course helpful in improving the skills of reading and writing Spanish, and, if you obtain the three audio CDs which accompany the course, your listening skills too.

THE AIMS OF THIS COURSE

The *Advanced Spanish* course has been designed for those who already have a basic knowledge of Spanish grammar and a small core vocabulary and now wish to continue their studies with a view to becoming more proficient, more fluent and more confident in both spoken and written Spanish.

Since no language can be learned in a cultural vacuum, without regard to the history and cultural realities of the people who speak it, the course focuses on regional aspects of both Spain and Latin America.

The aim of this course is therefore twofold: to develop and extend the learner's competence in Spanish, and to focus on five regions of Spain and on five different areas of Latin America.

METHOD

Each of the ten lessons consists of:

A '¿Sabía Ud. que ...?' panel

This provides brief fascinating facts about aspects of the country or region being studied.

Reading passages and features

These look in greater depth at some aspects of the geography, history or culture of the country or region under focus, and are complemented by relevant vocabulary lists and exercises.

Grammar and language points

This part of each lesson, arranged in numbered sections, gives clear, concise explanations in English of grammatical, morphological or semantic aspects of Spanish. This is followed by further exercises.

Listening practice

Coming at the end of each lesson, this also has questions to test whether you have understood the passage. Help is provided in the form of a further vocabulary list. Ideally you should listen to this excerpt on the CD. If you do not have the CDs, you can still familiarise yourself with the language through reading the printed scripts.

CDS

You are strongly recommended to obtain the three audio CDs which accompany the course. Not only do they contain the listening practices, but also selected reading passages and features, and oral exercises to test your comprehension and develop your speaking skills. All the elements on the recordings will help to accustom your ear to Spanish as pronounced by native speakers.

LATIN-AMERICAN AND CASTILIAN SPANISH

With the exception of Brazil and the three Guianas, Spanish is the main language spoken in the vast area which stretches from the Southern states of the USA to the cold regions of Cape Horn and Tierra del Fuego, from North of the Tropic of Cancer to the Antarctic. Its number of speakers outnumber European Spanish speakers by almost ten to one.

No single language spoken over such an enormous area could have hoped to survive as a uniform whole, without developing its own local usage and regional differences even within the same country.

It is often forgotten how many variations of language exist within Spain itself, and at the time of the colonisation such differences were far greater, because the language was only just beginning to change as a result of the recent political unification of the country. Only in the seventeenth century did Castilian become the most important form of Spanish.

Certain variations in Latin American speech may owe their existence to the practice of people migrating to areas of the New World, which would allow them to carry on their trades – fishermen to coastal regions, for example, thereby encouraging similar patterns of speech in a particular region. The influence of pre-Columbian Indian vocabulary to describe the new fauna and flora, and the language of the slaves who arrived in the eighteenth century are just two other influences which were brought to bear on the fast developing language of the immigrant communities. The difficulties of communication before the twentieth century and reduced contact with Spain since the beginning of the nineteenth obviously encouraged the development of regional dialects.

Yet despite all these factors, and against all the odds, mutual intelligibility between Spaniards and their American cousins is guaranteed. Formal speech, the language of the business meeting, the media, and literature, varies little throughout the Spanish speaking world. The major differences occur in the spoken, everyday use of the language – in accent, vocabulary, and colloquial expression, as one would expect. Sometimes the meaning of a word can change from one country to another and the same object may have different names, but the grammar has held together so well that a Hispanic-American has no difficulty communicating with someone from 'La madre Patria'.

As we journey through the Spanish-speaking world, we shall notice the differences between the Old World and the New, but the texts are written in standard Spanish which would be totally comprehensible in any Spanish-speaking country. When such differences do occur, they are explained and celebrated rather than cringed at.

American Spanish is rich and varied, softer and more cadenced than its European counterpart. The differences between the two and those between the Spanish of one American country and another make a fascinating subject for study.

THE ESSENTIAL DIFFERENCES

Perhaps the most important differences are in pronunciation and vocabulary, with less significant dissimilarities in grammatical forms, pronouns and tenses. It would be helpful at the outset to explain the main differences in accent which will be heard on the CDs. The other differences will be explained as we meet them in the various texts which focus on specific countries.

Pronunciation
1 Seseo

The pronunciation of **ce**, **ci**, **za**, **zo** and **zu** as **se**, **si**, **sa**, **so** and **su**, is called **seseo** and distinguishes the accent of Southern Spain from the **ceceo** or lisp of Castilian, which would pronounce them as in <u>the</u>ft, <u>the</u>me, <u>tha</u>tch, <u>thaw</u>, and <u>thw</u>art. Since the earliest and most numerous of the emigrants to the Americas were Andalusians, they naturally took with them the **seseo**, which soon became the dominant form of pronunciation in American Spanish. In the sixteenth century, travellers bound for the Indies had to pass through Seville where they had to wait for a boat to take them – their departure often delayed for months. The voyage itself lasted over a month, in all of which time the emigrant families were subjected to the prevailing **seseo** accent of the **sevillanos**.

When the Castilian lisp became more prevalent in Spain in the seventeenth century, it became fashionable among the Creole upper classes in Spanish America to use the **ceceo**, but this trend was reversed irrevocably in the years following independence from Spain in the 1820s as a self-assertive gesture by the newly emerging republics. Ironically the Hispanic-Americans used to prefer to call their language **castellano** rather than **español** to distinguish it from the language of their former colonial masters. The term does not denote a preference for the **ceceo** – in fact, quite the reverse.

2 's' without the sh-sound
The Castilian tendency to pronounce the 's' of **España** as **Eshpaña** is not found in Spanish America. As in the Canary Islands and some parts of Southern Spain, American Spanish speakers pronounce the letter 's' very much like English: s̲ix, s̲ack, s̲et, pes̲t or s̲tudy.

3 Weak 's'
Another feature which the lowland areas of Spanish America (the Caribbean Basin, Argentina and Uruguay), the Canaries, and Southern Spain all have in common is the tendency to weaken the pre-consonantal 's' to the point where it becomes a soft aspiration ('h') and at times disappears completely.

For example:
Las maletas no están aquí is pronounced more like:
lah maletah no ehtán aquí
or
la' maleta' no e'tán aquí.

4 Consonant weakening
In those parts of the Spanish-speaking world where the 's' is weak, the same is true for other consonants.

For example:
The final **-r** is often dropped (**llamá**, instead of **llamar**);

Likewise the **-d-** of the **-ado** past participle (**hablao**, instead of **hablado**);

Even final **-n** can be cut short (**biẽ** instead of **bien**), especially in the Caribbean area.

5 Yeísmo
All over Spanish America, there is no phonetic distinction between 'll' and 'y'. They are both pronounced the

same: **y** as in the English word 'yes' or 'j' as in 'John', or a sound in between, depending on regional preference. This is also true of wide areas in Spain and is called **yeísmo**. In the area of the River Plate (Argentina, Uruguay and Paraguay), the '**ll**' and '**y**' are both pronounced like the 'si' of the English word 'occasion', and at times like the 'ch' of 'choice'. The traditional sound of '**ll**' (as in the 'lli' of 'million') has virtually disappeared from Spanish.

ACKNOWLEDGMENTS
The authors would like to thank all those organizations which have kindly allowed us to use their copyright materials, namely:
Xunta de Galicia, Junta de Castilla y León, Spanish Tourist Office, Diario 16, El País Semanal, Noticias Latin America, Mundo Latino, Crónica Latina, Aries International, Inc., Regents Publishing Co. Inc., Mary Glasgow Publications, International Thompson Publishing Services Limited.

Lesson 1

You will read about:
- Castile and its castles
- El Escorial
- La Mancha
- Don Quixote and Sancho Panza

You will study:
- expressing regret
- offering or accepting an apology

CASTILLA

La mayor región natural de la Península Ibérica y su núcleo es la Meseta Central. Es la altiplanicie más grande y elevada de Europa Occidental, con tierras de altura media entre 600 y 1.200 metros. Ocupa todo el centro de España y está rodeada de cordilleras que la aíslan del mar y que le confieren un clima continental con inviernos largos y severos, y veranos cálidos y rigurosos ('nueve meses de invierno y tres de infierno'). Desde la Edad Media la Meseta ha jugado un papel dominante en la vida española: de aquí surgió la corona de Castilla, cuya influencia en la historia y el destino españoles ha sido muy marcada; desde aquí se lanzó la Reconquista; es la cuna del castellano, la lengua local que se extendió por la península y más tarde, como español, por el imperio hispánico; finalmente, la región ha sido el centro del gobierno y el poder por mucho tiempo.

El norte de la altiplanicie se conoce como la Meseta Septentrional y está limitado al sur por la Cordillera Cantábrica; es una región

¿Sabía Ud. que ...?

- En el Parque del Retiro en Madrid se encuentra la estatua del Ángel Caído, la única escultura pública en el mundo dedicada al diablo.

- La Mancha deriva su nombre de 'al mansha', que en árabe significa 'tierra seca'.

- En la construcción de El Escorial se usaron piedras de granito talladas, unidas sin cemento.

fértil bañada por el río Duero y dedicada principalmente al cultivo de cereales.

En esta llanura está Castilla-León, donde se encuentran vestigios que atestiguan todas las culturas que han contribuido a plasmar a España a lo largo de toda su historia: el acueducto de Segovia (época romana); San Juan de Baños (época visigótica); el castillo de Gormaz (época árabe); las murallas de Avila (época románica); la catedral de Burgos (época gótica); el palacio de Valladolid (el Renacimiento), el Real Sitio de la Granja (siglo XVIII) y los modernos edificios y construcciones de los siglos XIX y XX, especialmente los teatros, las galerías de arte y los museos.

Además de historia, Castilla-León es una región de mucho arte y cultura, en la que brillan Salamanca, designada Patrimonio Cultural de la Humanidad por la riqueza de su arte e historia; Zamora, con su gran variedad de estilos arquitectónicos, especialmente su catedral, sus iglesias románicas y sus murallas; León, con su impresionante Catedral de San Isidro, que despliega la mayor superficie de vitrales de toda España y una colección de 2.000 pergaminos; Soria, que ha sido el objeto de las mejores páginas de escritores como Bécquer, Unamuno, Azorín y especialmente Antonio Machado; y Burgos, con su hermosa catedral, una de las joyas del estilo gótico y también Patrimonio de la Humanidad.

En el sur de la altiplanicie, en la Meseta Meridional, se encuentra Castilla-La Mancha, región llena de historia, salpicada de castillos medievales y ruinas romanas, donde abundan aldeas y pueblos de mucho colorido, muchos de los cuales se asocian con las aventuras de Don Quijote y Sancho Panza.

Casi la mitad oriental de la Meseta Meridional está ocupada por la mayor llanura de España, la Mancha, que se extiende por las provincias de Toledo, Cuenca, Ciudad Real y Albacete. Es una altiplanicie uniforme, tan horizontal que los ríos se estancan a menudo. Su pluviosidad es muy escasa y en el verano la temperatura puede llegar a los 40°C aumentando así la sequedad. Sin embargo, el suelo es fértil y la Mancha produce cereales y vinos, aceitunas y azafrán.

En la Mancha se encuentran centros urbanos como Ciudad Real, el centro de la región Manchega, con sus hermosas plazas y atractivas iglesias; Guadalajara, cuyo nombre significa 'ríos de piedra' – posiblemente una temprana referencia árabe al río Henares – situada en la hermosa y atractiva Alcarria; Cuenca, con sus casas colgantes y su gran tradición artística; y Albacete, con sus atractivas artesanías.

En medio de las dos partes de la Meseta Central, en el centro geográfico de España se encuentra Madrid, la capital, con sus museos, edificios, parques y jardines, todos llenos de historia, arte y cultura.

Al sur de Madrid se levanta Toledo, la Ciudad Imperial, la ciudad que reúne todo lo que es genuinamente español en su historia, sus monumentos, su arte, sus gentes y su ambiente.

VOCABULARY

única	only
diablo, m.	devil
seca	dry
granito, m.	granite
talladas	cut (stones)
altiplanicie, f.	plateau
rodeada	surrounded
cordillera, f.	mountain range
aíslan (aislar)	isolate
confieren (conferir)	confer
cálidos	hot
rigurosos	hard, severe
jugar un papel	to play a role
surgió (surgir)	arose
corona, f.	crown
lanzó (lanzar)	launched
cuna, f.	cradle
poder, m.	power
septentrional	northern
vestigio, m.	vestige, relic
atestiguan (atestiguar)	bear witness

1

plasmar	to forge
Patrimonio Cultural de la Humanidad, m.	World Cultural Heritage Site
muralla, f.	(city) wall
despliega (desplegar)	displays
vitral, m.	stained window
pergamino, m.	parchment
meridional	southern
salpicada	sprinkled
aldea, f.	village
colorido, m.	character
mitad, f.	half
llanura, f.	plain, flat land
se estancan (estancarse)	stop (flowing)
a menudo	often
pluviosidad, f.	rainfall
escasa	scarce
sequedad, f.	dryness
azafrán, m.	saffron
colgantes	hanging
artesanía, f.	crafts
se levanta (levantarse)	rises
reúne (reunir)	brings together
ambiente, m.	ambience

Exercise 1

Rewrite these sentences replacing the words underlined with an appropriate expression from the list provided and changing the form of other words, if necessary.

país, influencia, no corren, extensa, poca lluvia, capital, obras, sintetiza, reliquias, morisca

1 La Meseta Central es la altiplanicie más grande de Europa Occidental.

2 La Meseta ha tenido mucha importancia en la historia de España.

3 En la Meseta Septentrional hay numerosos vestigios de muchas culturas.

4 Muchos escritores famosos han dedicado sus mejores páginas a Soria.

5 Castilla-La Mancha es la tierra de Don Quijote.

6 Los ríos de La Mancha frecuentemente se estancan.

7 La Meseta Meridional tiene una pluviosidad muy escasa.

8 Guadalajara es una referencia árabe al río Henares.

9 Madrid es el centro político de España.

10 Toledo reúne todo lo que es genuinamente español.

EL ESCORIAL

El famoso palacio monasterio de El Escorial se encuentra a treinta y nueve kilómetros al noroeste de Madrid, a la vista de la Sierra de Guadarrama. Una excelente red de comunicaciones lo conecta con la capital; el viaje, sea por carretera o por tren, es placentero y presenta al visitante paisajes impresionantes y de mucha belleza, especialmente a medida que uno se acerca a las montañas.

El Monasterio de San Lorenzo de El Escorial, concebido y comisionado por Felipe II, proyectado por Juan Bautista de Toledo y realizado por Juan de Herrera entre 1563 y 1584, es un ejemplo supremo de austeridad y grandeza arquitectónicas. Dado que su construcción, piedra por piedra, sólo duró un poco más de 20 años, es un testimonio a la calidad de sus arquitectos y trabajadores y a la determinación del rey. Su nombre se debe a que Felipe II decidió hacerlo construir sobre una colina de escoria.

La edificación fue dedicada a San Lorenzo porque en su día (el 10 de agosto) en 1557 Felipe triunfó en la batalla de San Quintín, a consecuencia de lo cual Francia y España terminaron unidas políticamente. El monasterio tiene la forma de una parrilla en honor a la muerte de su patrono, quien fue quemado vivo por los romanos. El palacio mismo representa el asa, y las torres las cuatro patas en que se apoya la parrilla. El símbolo de la parrilla se repite en muchas otras partes del edificio y se usa como el emblema de El Escorial.

Felipe II concibió El Escorial como una representación del poder de la monarquía española, su hegemonía sobre el resto de Europa, el triunfo de la iglesia católica sobre la protestante, el esplendor de la liturgia divina y la gloria de las artes y las ciencias. Es por esto que El Escorial contiene una basílica impresionante; casas y edificios para la corte, la administración, la guardia, etc., (las llamadas 'Casas de los Oficios'); una vasta colección de pinturas y retratos de Velázquez, el Greco, Ticiano, Tintoretto y Bosch; la biblioteca más grande de la época (3.379 libros impresos, 1.886 manuscritos en árabe, 582 en griego, 2.086 en latín y 7.000 dibujos e impresos), todos de un valor bibliográfico único. Felipe también quiso que El Escorial fuese el panteón de todos los monarcas españoles: con la excepción de Felipe V y Fernando VI, el mausoleo contiene los restos de todos los reyes y reinas desde Carlos V.

VOCABULARY

a la vista	in sight
paisaje, m.	landscape
a medida que uno se acerca	as you get near
dado que	given that
escoria, f.	slag, dross heap
parrilla, f.	gridiron, grill
quemado vivo (quemar)	burnt alive
asa, f.	handle
emblema, m.	emblem, symbol
biblioteca, f.	library
restos, m.	remains

Exercise 2

State whether each of the following statements is true (**verdadero**) or false (**falso**):

1 El símbolo de El Escorial es una parrilla.
2 La construcción de El Escorial duró menos de dos décadas.
3 El principal material de construcción fue la escoria.
4 El Escorial fue dedicado a San Lorenzo porque su construcción se inició el 10 de agosto.
5 Dada la tecnología de la época, la construcción de El Escorial duró poco tiempo.
6 La Sierra de Guadarrama está cerca de El Escorial.
7 Los restos de Felipe V están en El Escorial.
8 Durante el reinado de Felipe II Francia y España estuvieron unidas.
9 El Escorial contiene la biblioteca más extensa de España.
10 Felipe II concibió El Escorial como un mausoleo.

1 CASTILLA: TIERRA DE CASTILLOS

El antiguo reino de Castilla evolucionó después de muchos siglos en dos regiones administrativas, Castilla la Nueva y Castilla la Vieja. Desde 1978, el territorio se divide entre las autonomías de Castilla-León y Castilla-La Mancha. Aunque estos cambios han sido importantes, la antigua Castilla sobrevive en el espíritu de sus gentes, su arte, su cultura, sus universidades, sus ruinas y monumentos.

Castilla ofrece al visitante muchas atracciones tanto naturales como artísticas y culturales. Pero no hay nada que se asocie más con Castilla que sus castillos, los cuales le dieron su nombre a la región y atestiguan su ilustre historia. Los castillos constituyen una cultura ancestral que se ha conservado por generaciones y que se continuará restaurando y preservando para el futuro. Este interés en salvar este patrimonio único no sólo se debe a la acción de las administraciones públicas, sino también a un auténtico espíritu comunitario.

Hay numerosos castillos en perfecto estado de restauración, mientras que otros, lastimosamente, ofrecen apenas vestigios de su glorioso papel en la Reconquista. Muchos son propiedad del estado o de las administraciones locales, mientras que otros están en manos de particulares. Algunos, como el Torreón de doña Urraca (Covarrubias), el castillo del Cid (Sotopalacios) y el castillo del Buen Amor (Villanueva de Cañedo) sirven de vivienda, permanente u ocasional; otros, como el castillo de la Triste Condesa (Arenas de San Pedro), el castillo-palacio de Magalia (Las Navas del Marqués), el Torreón de los Guzmanes (Caleruega), el castillo de los Templarios (Ponferrada), el castillo de Peñafiel y el Alcázar de Segovia se usan para actividades recreativas, culturales y artísticas y/o como museos; algunos como el castillo de Ciudad Rodrigo, el castillo de Villaviciosa y la Torre del Caracol del castillo de Benavente, han sido restaurados y convertidos en atractivos hoteles y paradores; otros como el castillo de Coca, el castillo de Cuéllar y el castillo de la Mota (Valladolid) han sido equipados y dedicados a cursos, seminarios y congresos; algunos otros se dedican a usos más mundanos como el castillo de Villalba de los Alcores, cuyos sótanos se usan para curar quesos, y el castillo de Castronuevo (Rivilla de Barajas), cuyos campos y alrededores se dedican a la agricultura; muchos otros como el magnífico castillo de Santa Gadea del Cid y el castillo de Castrojeriz se encuentran en ruinas o en vías de restauración. Pero, cualquiera que sea el estado de los castillos, en muy pocas ocasiones dejará el visitante de saborear la historia de la Reconquista y las leyendas de la época de caballerías en sus piedras centenarias.

VOCABULARY

evolucionó, (evolucionar)	evolved
lastimosamente	alas, sadly
en manos de particulares	in private hands
vivienda, f.	dwelling
parador, m.	state-owned hotel
sótano, m.	basement
curar (quesos)	to cure (cheeses)
en vías de	in the process of
cualquiera que sea el estado	whatever the state
saborear	to relish, to appreciate
época de caballerías, f.	era of chivalry
centenaria	ancient, old

Exercise 3

1

Complete the following statements with the appropriate word:

Reconquista, educativos, Castilla, vivienda, parador, las leyendas de caballería, preservado, reino

1 … debe su nombre a sus numerosos castillos.

2 Castilla fue originalmente un … .

3 Los castillos manchegos se han … gracias a acción gubernamental y a esfuerzos particulares.

4 Los castillos manchegos son testigos de la … .

5 Muchos castillos sirven de … .

6 El castillo de Villaviciosa es un … .

7 Algunos castillos como el de la Mota se destinan a usos … .

8 El origen de los castillos manchegos se mezcla con … .

LA MANCHA: LA LLANURA ETERNA

'...Y, ya fuera del pueblo, la llanura ancha, la llanura infinita, la llanura desesperante, se ha extendido ante nuestra vista. En el fondo, allá en la línea remota del horizonte, aparecía una pincelada larga, azul, de un azul claro, tenue, suave; acá y allá, refulgiendo al sol, destacaban las paredes blancas, nítidas, de las casas diseminadas en la campiña; el camino, estrecho y amarillento, se perdía ante nosotros, y de una banda y de otra, a derecha e izquierda, partían centenares de surcos, rectos, interminables, simétricos.

...La jaca corre desesperada, impetuosa; las anchurosas piezas se suceden iguales, monótonas; todo el campo es llano, uniforme, gris, sin un altozano, sin la más suave ondulación. Ya han quedado atrás, durante un momento, las hazas sembradas en que el trigo temprano o el alcacel comienza a verdear sobre los surcos; ahora, todo el campo que abarca nuestra vista es una extensión gris, negruzca, desolada.'

Azorín: *La Ruta de Don Quijote*

VOCABULARY

desesperante	unbearable
vista, f.	sight
fondo, m.	background
pincelada, f.	brush-stroke
refulgiendo (refulgir)	shining
nítidas	clear
estrecho	narrow
amarillento	yellowish
centenar, m.	hundred
surco, m.	furrow
jaca, f.	small horse
altozano, m.	hillock
haza, f.	small plot of (arable) land
sembradas (sembrar)	planted
trigo temprano, m.	early wheat
alcacel, m.	barley field
verdear	to turn green
abarca (abarcar)	covers
negruzca	blackish

Feature

DON QUIJOTE Y SANCHO PANZA

La aventura de los molinos de viento

En esto descubrieron treinta o cuarenta molinos de viento en aquel campo; cuando Don Quijote los vio, dijo a su escudero:

– La suerte va guiando nuestras cosas mejor de lo que deseamos; porque ves allí, amigo Sancho Panza, treinta o pocos más gigantes con quienes pienso hacer batalla y matarlos, y con cuyos despojos nos comenzaremos a enriquecer; que esta guerra es buena y estamos al servicio de Dios.

– ¿Qué gigantes?, dijo Sancho Panza.

– Aquellos que ves allí, respondió su amo, de brazos largos.

– Mire, vuestra merced, respondió Sancho, siento mucho contradecirle, pero esos no son gigantes, sino molinos de viento, y los que parecen brazos son las aspas que, con el viento, hacen mover la piedra del molino.

– Bien parece, respondió Don Quijote, que no sabes mucho de aventuras: son gigantes, y si tienes miedo, quítate de ahí, ponte a rezar y déjame entrar en fiera y desigual batalla con ellos.

Y diciendo esto espoleó su caballo Rocinante, sin atender a Sancho Panza, quien insistía que eran molinos de viento y no gigantes. Pero Don Quijote, quien no oía los gritos de su escudero, iba diciendo en voz alta:

– No huyáis, cobardes y viles criaturas, que un solo caballero os ataca.

Se levantó un poco de viento y las grandes aspas de los molinos comenzaron a moverse.

– Aunque mováis mucho los brazos, no me asustáis, gritó Don Quijote.

Y diciendo esto se encomendó a su señora Dulcinea, arremetió a todo galope y embistió al primer molino que encontró a su paso, dándole una lanzada en el aspa. La lanza se volvió pedazos y Don Quijote y Rocinante terminaron rodando maltrechos por el suelo. Sancho Panza corrió a socorrerlo en su asno, el Rucio, y encontró que casi no se podía mover.

– ¡Válgame Dios!, dijo Sancho, me arrepiento de no haber insistido más en que estos no eran gigantes sino molinos de viento.

– No importa, amigo Sancho, respondió Don Quijote, que las cosas de guerra cambian todo el tiempo; y entre más lo pienso, más me convenzo que fue el sabio Frestón quien convirtió los gigantes en molinos de viento para quitarme la gloria de derrotarlos; tal es la enemistad que me tiene, pero mi espada triunfará sobre sus malas artes.

Y habiendo escuchado esto, Sancho Panza lo ayudó a levantar y a montar a Rocinante, y se dirigieron a Puerto Lápice en busca de más aventuras...

Cervantes: *El Ingenioso Hidalgo Don Quijote de la Mancha* (adaptado)

VOCABULARY

molino de viento, m.	windmill	**se encomendó (encomendarse)**	put his trust in
escudero, m.	squire	**arremetió (arremeterse)**	attacked
hacer batalla	to battle		
despojo, m.	loot, booty	**embistió (embestir)**	charged
amo, m.	master		
vuestra merced	your lordship	**se volvió pedazos (volver)**	broke into pieces
aspa, f.	arms, blades		
quítate de ahí	out of the way	**maltrechos**	battered, injured
rezar	to pray	**asno, m.**	donkey
entrar en batalla	to go into battle	**¡Válgame Dios!**	For goodness sake!
fiera	fierce	**más me convenzo (convencer)**	I am more convinced
desigual	unequal		
espoleó (espolear)	to stir up on	**derrotar**	to defeat
no huyáis (huir)	don't flee, don't run away	**enemistad, f.**	hatred, dislike
cobardes	coward	**malas artes, f.**	trickery, deceit
caballero, m.	knight	**en busca de**	in search of

Exercise 4

State whether each of the following statements is true (**verdadero**) or false (**falso**):

1 El escudero de Don Quijote se llamaba Sancho Panza.

2 Don Quijote pensó que era mala suerte encontrarse con los gigantes.

3 Los gigantes no eran más que molinos de viento.

4 Sancho Panza no quiso entrar en la batalla porque no tenía armas.

5 Don Quijote pensó que esta batalla lo haría rico.

6 Don Quijote se asustó cuando las aspas de los molinos se empezaron a mover.

7 Sancho Panza siguió a su amo en la batalla.

8 Don Quijote embistió el aspa del molino con su espada.

9 Sancho Panza ayudó a Don Quijote a montar al Rucio.

10 Después de la batalla, Sancho Panza y Don Quijote se dirigieron a Puerto Lápice a buscar a los gigantes.

1 EXPRESSING REGRET

Sentir + infinitive is used to express regret:

Siento mucho contradecirle.
I'm sorry to contradict you.

Arrepentirse de or **estar arrepentido / -a de** +
infinitive is used to express regret for an earlier action:

Me arrepiento de no haber insistido en que...
I regret not to have insisted that...

If you are sorry that somebody else has done something or is in a particular predicament, then the verb following **que** is in the subjunctive:

Siento que estés enfermo/ -a.
I am sorry that you are ill
Siento que Pedro no haya venido.
I'm sorry Pedro hasn't come.

Whenever the subject is different in the two clauses ('I am sorry that you are ill'), **sentir que** takes a subjunctive:

¿Sientes que tu hijo no pueda venir en Navidad?
Are you sorry that your son can't come at Christmas?

Exercise 5

Translate into Spanish:

1 I am sorry the book is too expensive.
2 I regret to have to leave now.
3 She regrets her decision.
4 Aren't you sorry your team did not win?
5 They were sorry to have offended us.
6 Nobody regrets that more than me.
7 We are very sorry you are not feeling well.
8 He regrets not putting in an offer for the house.
9 She regrets that he did not tell her in time.
10 I am sorry that you missed your plane.

2 OFFERING AND ACCEPTING APOLOGY

The commonest way of apologising for something is to
say **lo siento** ('I'm sorry') or **disculpe** ('Excuse me').
When you say what it is you are sorry for, the '**lo**' is
dropped and an infinitive follows:

Sentimos haberle molestado.
We're sorry we disturbed you.

Other ways of apologising are:

**Quisiera pedir disculpas por haberle causado
molestias.**
I'd like to apologise for inconveniencing you.
¡Qué vergüenza!
How embarrassing!
Me siento muy avergonzado / -a por...
I'm very embarrassed about...

To accept an apology, one usually says:

No se preocupe. Don't worry.
No importa.   It doesn't matter.
No pasa nada. It's all right.

Exercise 6

Reply to each sentence using an expression of apology (offering or accepting):

1 La habitación no tiene vista al mar como dice en el folleto.
2 Me despertaste anoche.
3 Perdona que hice mucho ruido en el teléfono.
4 Se me olvidó comprar el pan.
5 Siento mucho no poder ir a la excursión.
6 Perdona que no te pude llamar anoche.
7 Tu respuesta fue ridícula.
8 Lamento mucho lo del accidente.
9 Tú abriste la carta, ¿cierto?
10 Discúlpame por no habértelo dicho antes.

LISTENING PRACTICE

Conversación: Una visita a Toledo

The González are in Toledo for the day and want to find out what to see. They pay the Tourist Office a visit...

STA. GARCÍA	**Buenos días, ¿en qué puedo servirles?**
SR. GONZÁLEZ	**Buenos días. Llegamos anoche a Toledo y apenas tenemos un día para explorar esta maravillosa ciudad.**
SRA. GONZÁLEZ	**Se dice que Toledo es el resumen más evocativo de lo que es genuinamente español; así que no nos gustaría irnos sin llevarnos una buena idea de cómo es Toledo.**
STA. GARCÍA	**Por supuesto. Pero, siento mucho que no tengan más que un día para su visita. Es muy poco tiempo.**
SR. GONZÁLEZ	**Y, ¿si nos limitamos a los sitios más importantes?**

STA. GARCÍA Lo difícil es decidir cuáles son los sitios más importantes. Todo en Toledo es importante. Es mejor que Uds. decidan si sólo quieren ver los edificios desde fuera, que son muchos, o si quieren mirar el interior de algunos sitios, junto con las obras de arte que contienen. ¿Uds. qué prefieren?

SRA. GONZÁLEZ Disculpe, pero nosotros estamos aquí precisamente porque no sabemos qué hacer. Si Ud. no nos puede aconsejar, es mejor que vayamos a otra parte.

STA. GARCÍA Mire, no es necesario que se ponga así. Es que hay tanto que ver en Toledo...Como Uds. saben, Toledo es una ciudad muy antigua, cuyos orígenes están envueltos en un velo de misterio y leyenda. Ya era una ciudad importante en la época romana y los visigodos la hicieron su capital en la península y la declararon 'Ciudad Regia'. Esto la convirtió en un centro de gran atracción para artistas y artesanos. Los musulmanes dejaron muchos vestigios artísticos y arquitectónicos que han sobrevivido hasta el presente. También es importante recordar la influencia judía.

SRA. GONZÁLEZ ¿Y existen muestras de cada cultura?

STA. GARCÍA Afortunadamente sí, aunque sólo queda un edificio intacto de la era musulmana: la mezquita del Cristo de la Luz, que data del siglo X. La época cristiana dejó muchas muestras de arte mudéjar, en el que se mezclan motivos árabes y cristianos, como la iglesia de Santiago del Arrabal, construida en el siglo XIII, y la iglesia de Santa María la Blanca, que es en realidad una sinagoga.

SRA. GONZÁLEZ ¿Y dónde se encuentran las pinturas del Greco?

STA. GARCÍA   En la Catedral del Primado de España, que es el mejor ejemplo de la arquitectura y el arte góticos. Unas pinturas del Greco se encuentran en la sacristía, que data del Renacimiento. La sacristía es en realidad un museo dedicado a sus pinturas y las de otros pintores como Goya, Van Dyck, Luca Giordano, Tristán, etc.

SR. GONZÁLEZ   Gracias por la lección de historia, pero creo que esto sería más que suficiente para un día. Además, ya hace un buen tiempo que estamos aquí.

STA. GARCÍA   ¡Que vergüenza! Perdonen Uds., pero me apasiona hablar de Toledo y de su historia, y cuando empiezo no acabo.

SRA. GONZÁLEZ   No pasa nada. No se preocupe. A mí también me gusta la historia. Con esta información podremos alcanzar nuestro objetivo.

STA. GARCÍA   Seguro, pero no se olviden de visitar la plaza de Zocodover, el corazón y centro de vida cotidiana en Toledo. Y no se vayan sin visitar el símbolo de Toledo, el Alcázar, y...

SR. GONZÁLEZ   Muchas gracias, señorita.

SRA. GONZÁLEZ   Sí, muchísimas gracias. Hasta la vista.

STA. GARCÍA   ¡Que se diviertan y conozcan mucho!

VOCABULARY

apenas	just
por supuesto	of course
lo difícil	the difficult thing to do
aconsejar	to advise
no es necesario que se ponga así	there is no need for that
envuelto en un velo de misterio y leyenda	shrouded in mystery and legend
Ciudad Regia, f.	Royal City

artesano, m.	craftsman
mezquita, f.	mosque
data de (datar)	dates from
muestra, f.	example
sinagoga, f.	synagogue
Primado, m.	Primate, Cardinal
sacristía, f.	sacristy
en realidad	truly, in reality
lección de historia, f.	history lesson
hace un buen tiempo	it's been long enough
¡Qué vergüenza!	I'm sorry!

✓Exercise 7

Answer the following questions in Spanish:

1 ¿Cuántos días iban a estar los González en Toledo?
2 ¿Quiénes declararon a Toledo 'Ciudad Regia'?
3 ¿Quiénes habitaron Toledo después de los visigodos?
4 ¿Por qué es única la mezquita del Cristo de la Luz?
5 ¿Qué caracteriza el arte mudéjar?
6 ¿Por qué es interesante la Iglesia de Santa María la Blanca?
7 ¿De qué arte y arquitectura es muestra la Catedral del Primado de España?
8 ¿Por qué es famosa esta catedral?
9 ¿Cuál se considera el centro de actividad de Toledo?
10 ¿Cuál es el símbolo de Toledo?

Lesson 2

You will read about:
- Catalonia
- the monastery of Montserrat
- two distinguished Catalans: Antonio Gaudí and Salvador Dalí

You will study:
- the use of adjectives of nationality and regional origin
- how to express 'succeeding in doing something', 'doing something again', 'trying' and 'attempting'

CATALUÑA

Cataluña está situada en el rincón noroeste de la Península Ibérica. Al sur tiene una larga costa sobre el Mediterráneo y al norte los Pirineos la separan de Francia. Por su situación de cuña entre Francia y el resto de España, Cataluña goza de la influencia de las dos culturas. Es una de las regiones más pobladas de España y, junto con el País Vasco, es el área más industrializada de la Península. A pesar de ser una región montañosa, su agricultura y ganadería son importantes para la economía, así como la riqueza forestal y la pesca. Pero su recurso más importante es el comercio, siendo Cataluña la primera región mercantil de España, y Barcelona su gran centro financiero.

La mayoría de sus habitantes viven en la capital o en sus muchas ciudades satélites como Sabadell y Tarrasa. Los catalanes son muy laboriosos, tenaces y emprendedores, y cuando hablan de Europa se

¿Sabía Ud. que ...?

- Según algunos historiadores, la Generalitat del siglo XIV, el gobierno regional de Cataluña, fue el primer gobierno parlamentario del mundo.

- A mediados del siglo XIV la federación catalano-aragonesa gobernaba no solamente la región de Valencia y las Islas Baleares, sino también Cerdeña, Córcega y gran parte de la actual Grecia.

sienten más norteños que sureños y capaces de
competir con los franceses, alemanes y británicos. Los
catalanes se identifican primero como catalanes,
segundo como europeos y finalmente como españoles.
Se sienten muy orgullosos de su idioma, el catalán, que
fue la primera lengua oficial de los Juegos Olímpicos de
1992, y no el español, como era de esperarse. Como los
vascos, el afán de independencia de los catalanes es
legendario y, aunque no han utilizado medidas extremas
para lograr alcanzarla, su meta final es bien conocida.

Cataluña es la puerta de Europa, una encrucijada de
culturas, donde se reúne lo tradicional y lo moderno, la
montaña y el mar, la agricultura y la industria, el
individualismo y el espíritu comunitario.

VOCABULARY

rincón, m.	corner
cuña, f.	wedge
laborioso	hard-working
tenaz	tenacious
emprendedor	entrepreneurial
norteño	from the north
sureño	from the south
encrucijada, f.	crossroads

EL MONASTERIO DE MONTSERRAT

Cataluña posee muchas atracciones para el visitante: la
Costa Brava, los Pirineos, Barcelona, las ruinas romanas,
etc. Pero no hay nada con que los catalanes se
identifiquen más que Montserrat y no es coincidencia
fortuita que un nombre de mujer muy común en Cataluña
sea 'Montserrat'. El monasterio benedictino de
Montserrat se encuentra a unos treinta y cinco
kilómetros al noroeste de Barcelona, empotrado en un
macizo montañoso, erosionado por los elementos
durante milenios y configurado con formaciones rocosas
espectaculares, que le dan un aspecto irreal, milagroso.

Según Juan Maragall, escritor catalán, 'se asemeja a veces a una nube azulada de fantásticos bordes...un castillo gigantesco con cien torreones. Pero cuando se llega al pie y se alza delante anchamente y en mil agujas, entonces Montserrat es más que todo un ara, un templo.' El monasterio fue fundado en 1025 y se ha convertido en un símbolo por excelencia de la nacionalidad y de la cultura catalanas: posee una biblioteca de más de 260.000 volúmenes, una preciosa colección de arte religioso y una imprenta que ha funcionado continuamente desde 1499. Montserrat es también un santuario dedicado a la Virgen Morena, la Moreneta, patrona de Cataluña.

VOCABULARY

empotrado	built-in
macizo, m.	massif
erosionado	worn out
milenio, m.	millennium
se asemeja (asemejarse)	looks like
nube, f.	cloud
borde, m.	lining
torreón, m.	turret
ara, m.	altar
imprenta, f.	printing press

Exercise 8

Rewrite these sentences replacing the words underlined with an appropriate expression from the list provided and changing the form of other words, if necessary.

acuñada, colección de libros, comercial, industrias, autonomía, apariencia, erosionadas, idioma, por excelencia, casi

1 Cataluña está <u>situada</u> entre Francia y el resto de España.
2 El catalán es una <u>lengua</u> hermana del español.
3 Cataluña es la primera región <u>mercantil</u> de España.
4 Como los vascos, los catalanes buscan su <u>independencia</u> de España.
5 Los <u>negocios</u> catalanes son el motor de la economía local.
6 Montserrat se encuentra a <u>unos</u> 35 kilómetros de Barcelona.
7 Las rocas han sido <u>desgastadas</u> por la lluvia y el viento.
8 Montserrat contiene una <u>biblioteca</u> enorme.
9 Las formaciones rocosas le dan al monasterio un <u>aspecto</u> maravilloso.
10 Montserrat es el monumento catalán más <u>importante</u>.

DOS CATALANES DISTINGUIDOS: (1) GAUDÍ

Antonio Gaudí, nacido en Reus, cerca de Tarragona, el 23 de julio de 1852, es el arquitecto catalán de más renombre. A la edad de 15 años publicó sus primeros bosquejos y a los 18 diseñó el escudo de armas del monasterio de Poblet. En 1873 inició sus estudios de arquitectura en Barcelona, durante los cuales trabajó con arquitectos famosos, entre los cuales se destaca Francisco Paula de Villar, con quien más tarde colaboró en el monasterio de Monserrat y la catedral de la Sagrada Familia. Entre 1878 y 1883 Gaudí logró establecer su reputación de innovador con varios proyectos entre los cuales se cuenta el diseño de la iluminación pública de Barcelona. En 1883 empezó a trabajar como arquitecto en la construcción de la Sagrada Familia, su obra más famosa.

La Sagrada Familia es al mismo tiempo un ejemplo de la tradición gótica y una muestra de la arquitectura del siglo XX. En su construcción intentó Gaudí alcanzar la más completa y deseable integración de la arquitectura con la pintura, la escultura, la música, la cerámica, el forjado y la naturaleza misma. Las torres, por ejemplo, siguen la estructura vertical de una caña y tardaron mucho tiempo en terminarse por la necesidad de observar principios acústicos en su construcción debido a que Gaudí las diseñó como campanas gigantescas.

Cuando Gaudí murió en 1926 atropellado por un tranvía, apenas se había terminado de construir la fachada principal. Desde entonces la lenta construcción continúa, a pesar de que muchos arquitectos no están de acuerdo, pues consideran que la Sagrada Familia fue una creación personal de Gaudí, imposible de ser continuada por otros.

VOCABULARY

nacido	born
renombre (de más), m.	best known
bosquejo, m.	sketch, drawing
escudo de armas, m.	coat of arms
iluminación pública, f.	street lighting
deseable	desirable
forjado, m.	forging (metal)
caña, f.	cane
atropellado	run over
apenas	just
fachada, f.	façade
lenta	slow
a pesar de	in spite of
de acuerdo (estar)	to agree

Exercise 9

Complete the following statements with the appropriate word:

acabada, propia, fama, continuada, siguiendo, integrar, a la vez, quieren, conocida, bosquejos

1 Gaudí es el arquitecto catalán de más … .
2 A los 15 años, Antonio Gaudí publicó sus primeros … .
3 La Sagrada Familia es la obra más … de Gaudí.
4 Las torres fueron construidas … principios acústicos.
5 La Sagrada Familia es … gótica y moderna.
6 La Sagrada Familia fue una creación … de Gaudí.
7 Muchos arquitectos no … que se continúe su construcción.
8 La catedral todavía no está … .
9 Según algunos seguidores de Gaudí, la construcción no puede ser … por otros.
10 En la Sagrada Familia Gaudí quiso … la arquitectura con las artes.

DOS CATALANES DISTINGUIDOS: (2) DALÍ

Salvador Dalí nació en Figueras, un pueblecito catalán, el 11 de mayo de 1904. Desde muy temprana edad demostró gran destreza en el dibujo y la pintura, y sus primeros cuadros revelan gran visión, sensibilidad artística y una tendencia obvia a experimentar con luz, color y textura. En 1923 estudió brevemente en la Academia Libre en Madrid. En 1928 se marchó para París a unirse al movimiento surrealista. Durante esta época produjo muchos cuadros entre los cuales se destacan la Persistencia de la Memoria y el Espectro del Sex-appeal. En 1940 consiguió radicarse en los Estados Unidos donde ganó fama y celebridad no sólo por sus cuadros, sino también por sus pronunciamientos y estilo de vida. De esta época son famosos cuadros de tipo religioso como la Madona de Port Lligat, el Cristo de San Juan de la Cruz y la Ultima Cena.

2

Dalí tenía una personalidad compleja y se inclinaba por la controversia y el exhibicionismo. Le gustaba provocar al gusto establecido con obras, acciones y opiniones chocantes y calculadas.

En los últimos años de su vida, Dalí se refugió en el pueblo catalán de Cadaqués de Port Lligat, de donde nunca volvió a salir y donde murió en 1989.

Feature

UNA ENTREVISTA CON SALVADOR DALÍ

–- ¿Quiénes han sido los artistas que más han influido en Ud?
– Ciertamente algunos maestros españoles como Goya y Velázquez. Pero prefiero a los holandeses Vermeer y G. Dou, discípulo de Rembrandt. En Dou he descubierto algo fascinante. Hizo dobles de algunos de sus cuadros y la gente pensó durante muchos años que los hacía sólo por vender más cuadros. Yo he examinado esos cuadros con una lupa y he comprobado que esos dobles no son exactamente iguales: En uno, por ejemplo, una ventana es más grande en el original que en el doble. Probablemente, gracias a la ayuda de su contemporáneo, Van Leeuwenhoek, inventor del microscopio, se valió de espejos y lentes especiales para crear un cuadro estereoscópico único. En lo que a mí concierne, trato de reinventar tales lentes. También trabajo en hologramas, que son pinturas tridimensionales a base de rayos láser.

– Los críticos afirman que Ud. a veces es demasiado comercial, que se presta a escenas tontas, como cortarse el bigote delante las pantallas de TV, o a permitir que su nombre aparezca en algunos productos. ¿Es Ud.en realidad exclusivamente comercial?
– Es absolutamente cierto. Como a cualquier otra persona, a Dalí le gusta el dinero. El oro es para mí

algo fabuloso. En la Edad Media, se hicieron muchos intentos fútiles de obtener oro de materiales pobres. De otra parte, si hablo sobre cosas serias, por ejemplo, de G. Dou, nadie presta atención a lo que digo. No obstante, la gente está interesada en mi personalidad.

– A veces da la impresión de que se ríe de la gente cuando hace lo que hace. ¿Es verdad?
– Nunca me río de la gente. Soy muy serio, quizás trágico. Algunas veces, sin embargo, me río después de haber hecho algo. Pero me río de mí mismo, no de los otros.

– ¿Se considera Ud. un gran artista?
– No, no. En comparación con Velázquez o Vermeer, por ejemplo, soy un artista modesto. Pero en comparación con los artistas de hoy, probablemente soy el mejor.

– Los críticos sugieren que tiene Ud. una obsesión por el tiempo y de ahí la presencia constante de relojes distorsionados y otros elementos representativos del transcurso del tiempo en cuadros como 'la Persistencia de la Memoria'. ¿Qué opinión tiene Ud. de esto?
En esto los críticos tienen razón en parte. Hay muchas cosas que me han obsesionado durante mi carrera: el tiempo, el nacimiento, la muerte, el sexo, la paranoia, la dualidad humana, el hambre, la violencia, la estructura atómica, el espacio, etc. Pero una de las más persistentes ha sido el tiempo, porque es algo de lo que no se puede escapar.
Mis cuadros reflejan no sólo esta presencia constante, sino también la dualidad tiempo-espacio. Los críticos, sin embargo, no han acertado en adivinar el significado de los relojes distorsionados. ¡La inspiración me vino simplemente de observar cómo se derrite y se deforma el queso Camembert!

(Adaptado de una entrevista en *Newsweek*, Octubre 27, 1975)

VOCABULARY

temprana	early
destreza, f.	skill
dibujo, m.	drawing
brevemente	for a short time
se marchó (marcharse)	went, left for
unirse	to join
radicarse	to establish oneself
gusto establecido, m.	conventional taste
chocante	shocking
se refugió (refugiarse)	sought refuge
lupa, f.	magnifying glass
espejo, m.	mirror
lente, m.	lens
rayo láser, m.	laser
se presta (prestarse)	lend yourself
tonta	silly
bigote, m.	moustache
pantalla, f.	screen
de veras	truly
Edad Media, f.	Middle Ages
presta atención (prestar)	pays attention
no obstante	nevertheless
reloj, m.	watch, clock
distorsionado	distorted
transcurso, m.	passing (of time)
carrera, f.	career
nacimiento, m.	birth
muerte, f.	death
hambre, f.	hunger
acertado (acertar)	got it (right)
se derrite (derretirse)	melts

Exercise 10

State whether each of the following statements is true (**verdadero**) or false (**falso**):

1 Dalí mostró precocidad artística desde muy joven.
2 Dalí nunca estudió pintura.
3 En los Estados Unidos Dalí ganó fama como surrealista.
4 Dalí nunca le dedicó tiempo a la pintura sacra.
5 A Dalí le gustaba provocar y chocar al status quo.
6 Dalí prefiere a los pintores españoles.
7 Las pinturas de G. Dou fueron copiadas por Dalí.
8 Según Dalí, a la gente le interesa más su personalidad que sus pinturas.
9 Dalí se inspiró en el queso Camembert para pintar 'La Persistencia de la Memoria'.
10 Una obsesión de Dalí fue la muerte.

3 ADJECTIVES OF NATIONALITY AND REGIONAL ORIGIN

Adjectives of nationality, like any other adjective in Spanish, agree in both gender and number with the noun they qualify. But those which end in a consonant add **-a** for the feminine singular form, **-es** for the masculine plural form and **-as** for the feminine plural form. For example:

una región española	a Spanish region
los Pirineos franceses	the French Pyrenees
costumbres catalanas	Catalonian customs

Adjectives of this type ending in **-e** do not vary in gender:

un taxi londinense	a London taxi
una ciudad estadounidense	a US city

They, however, form the plural in the normal way:

2

taxis londinenses	London taxis
ciudades estadounidenses	US cities

Other adjectives in this category include:

costarricense	Costa Rican
conquense	from Cuenca
bonaerense	from Buenos Aires
nicaragüense	Nicaraguan
canadiense	Canadian

Note that these adjectives are not capitalised in Spanish, nor are the names of languages: **español, catalán, francés,** etc.

Exercise 11

Substitute suitable adjectives for the <u>underlined</u> phrases in the following sentences: e.g.

Entre los <u>residentes de Londres</u> hay una alta incidencia de asma.

Entre los <u>londinenses</u> hay una alta incidencia de asma.

1 Conocimos una familia <u>de Francia</u>.

2 Tengo dos amigos <u>que son de Córdoba</u>.

3 Las <u>mujeres de Irlanda</u> por lo general son extrovertidas.

4 Estas chicas son <u>de Cataluña</u>.

5 El equipo de fútbol <u>de Madrid</u> ganó el campeonato.

6 Hay más botes pesqueros <u>en España</u> que <u>en Inglaterra</u>.

7 Los jugadores de rugby <u>de Escocia</u> y <u>de Gales</u> son muy fuertes.

8 Hasta las <u>mujeres de Barcelona</u> son muy aficionadas al fútbol.

9 Los políticos <u>de los Estados Unidos, de Alemania</u> y <u>de Japón</u> se reunieron en Washington.

10 La música <u>de Cuba</u> es muy popular.

Exercise 12

Make statements about the origins of the historical figures below, following the example:

Picasso (Andalucía)

Picasso era andaluz.

1 Los hermanos Wright (Los Estados Unidos)
2 Francisco Franco (Galicia, España)
3 Simón Bolívar (Venezuela)
4 Las hermanas Bronte (Inglaterra)
5 Lenin (Rusia)
6 Cristobal Colón (Italia)
7 Dante (Italia)
8 Cervantes (España)
9 Beethoven (Alemania)
10 Juana de Arco (Francia)

2

4 HOW TO SAY 'TO SUCCEED IN DOING', OR 'TO MANAGE TO DO' SOMETHING

Gaudí logró establecer su reputación.
Gaudi managed to establish his reputation.
Dalí consiguió radicarse en los Estados Unidos.
Dali managed to set himself up in the US.

As well as **poder** + infinitive, Spanish can use either **lograr** + infinitive or **conseguir** + infinitive:

Pudimos llegar a tiempo.
We made it on time.
Lograron escaparse de la cárcel.
They managed to escape from jail.
Por fin conseguí abrir la puerta.
I finally managed to open the door.

2

But to succeed in life, or in a career, or in love, is translated as **tener éxito en**:

Tuvo mucho éxito en su carrera.
He had a very successful career.
Espero que tengas mucho éxito en tu matrimonio.
I hope your marriage is successful.

Exercise 13

Link the two halves of the following statements with a verb of succeeding or managing. Use past tense forms, like **pudo / pudieron, logró / lograron** or **consiguió / consiguieron** so they make good sense:

1 Durante los siglos XVI y XVII los conquistadores ...
2 En el siglo XV los españoles ...
3 En 1995 Miguel Induráin ...
4 Mientras estuvo apresado por los moros, Cervantes ...
5 En 1981 el Rey Juan Carlos ...
6 En el año 711 los moros invadieron España y ...
7 Aníbal con su ejército y elefantes ...
8 Cristobal Colón ...
9 En julio de 1995 Arantxa Sanchez-Vicario no ...
10 La democracia española ...

A ganar la final de tenis de Wimbledon.
B colonizar las Américas.
C ganar su quinto Tour de Francia.
D atravesar los Pirineos.
E sobrevivir el golpe militar.
F escaparse repetidas veces.
G obtener el apoyo de los Reyes Católicos.
H reconquistar la Península.
I disuadir al ejército de apoyar el golpe.
J conquistar casi toda la Península.

Spanish can use the phrases **'de nuevo'** or **'otra vez'** to mean 'to do something again', but there is also a very useful structure **volver a** + infinitive:

2

Dalí nunca volvió a salir de Cadaqués.
Dali never left Cadaques again.
No vuelvas a pedirme dinero.
Do not ask me for money again.
Volvimos a vernos anoche.
We met again last night.

Exercise 14

Express these repeated actions by using **volver a** + infinitive. For example:

Salió mal otra vez en los exámenes.
Volvió a salir mal en los exámenes.

1 Salieron de nuevo para la oficina.
2 Hizo lo mismo otra vez.
3 Empezamos a trabajar de nuevo.
4 Pon el disco otra vez.
5 Tocaron la pieza otra vez.
6 Jugamos al ajedrez de nuevo.
7 Compraron demasiada comida otra vez.
8 ¿Estudiaste otra vez el texto?
9 ¿Pusiste la carta en el buzón otra vez?
10 Nunca más tomé leche.

6 TO EXPRESS 'TRYING' AND 'ATTEMPTING'

'To try to do something' is usually **tratar de** + infinitive, but **intentar** + infinitive, and **procurar** + infinitive are also possible.

Intentamos solucionar el problema.
We tried to solve the problem.
Procura llegar temprano.
Try to arrive early.

'To try out' is **probar (un coche nuevo)**, and the same verb is used for food and drink **(probar un vino)**. 'To try on' is **probarse (ropa, zapatos)**. 'To have a try' is also **probar** or **intentar**. 'To try one's best' is **esforzarse (mucho)**.

Exercise 15

Translate the following sentences into Spanish:

1 Try to remember my telephone number.
2 We tried many different wines.
3 She tried on six pairs of shoes.
4 He tried his best, but failed the interview.
5 It's not difficult – have a try!
6 Why don't you try to sell it?
7 The tie he tried on was very expensive.
8 The class must try harder.
9 Don't try to fool the policeman.
10 Who is going to try to win the race?

La Molina – Pirineo catalán

La Molina es la estación invernal tradicional de los catalanes, de donde han surgido varias generaciones de esquiadores. Su pista más larga comienza a 2.537 metros de altitud y termina a 1.700 metros, frente a la parada del autobús.

SITUACIÓN   En el Pirineo oriental a 8 kilómetros de Alp y a 140 de Gerona.

ACCESOS   Desde Barcelona por la carretera N-152 de Vic o por la N-1.411, a través del túnel del Cadí.

PISTAS   Preparadas con máquinas pisapistas. Hay que destacar las excelentes condiciones técnicas de sus pistas. Bastan unos centímetros de nieve para que puedan ser plenamente utilizadas. Muchas de estas pistas son aptas tanto para el simple aficionado como para el esquiador de competición.

PISTA DE DESCENSO OLÍMPICO   En perfectas condiciones durante cinco meses del año; 3.700 metros de longitud; 100 metros de anchura máxima y 30 metros mínima; 837 metros de desnivel. Pista apta para competiciones internacionales de máxima categoría.

SERVICIOS   La Molina dispone, junto con los servicios técnicos necesarios para la enseñanza del esquí, de guardería infantil, alquiler de esquís, venta de artículos deportivos, servicio religioso los domingos, servicio médico, cine, salas de fiesta, aparcamiento y gasolinera. Temporada óptima de diciembre a abril.

LO MEJOR   Nieve artificial todo el tiempo; amplia oferta de atractivos hoteles y restaurantes en el valle de Cerdenya; vecindad de la estación invernal de Masella y proximidad con otras estaciones del Pirineo; buena comunicación con el ferrocarril de Barcelona.

LO PEOR	Largas colas los fines de semana y festivos en general; problemas de aparcamiento; incompatibilidad en los pases entre La Molina y Masella, a pesar de que las pistas se comunican.
INFORMACIÓN	Centro Invernal del Valle de la Molina. Alp (Gerona). Teléfono 89 21 61.

VOCABULARY

estación invernal, f.	winter resort
surgido (surgir)	emerged
esquiador, m.	skier
pista, f.	piste, ski slope
máquina pisapistas, f.	snow levelling machine
destacar	to highlight
bastar	to be enough
plenamente	fully
apta	suitable
aficionado, m.	amateur
remonte, m.	ski lift
longitud, f.	length
anchura, f.	width
desnivel, m.	the fall, incline
temporada, f.	season, period
óptimo	best
disponer de	to have (facilities)
enseñanza, f.	teaching
guardería infantil, f.	child care
alquiler de esquís, m.	ski hire
venta, f.	sale
artículo deportivo, m.	sports item
sala de fiesta, f.	party room
gasolinera, f.	petrol station
pase, m.	ski pass (document)

Exercise 16

Answer the following questions in Spanish:

1 ¿A qué distancia está la Molina de la costa?
2 ¿Cómo se llama la ciudad más cercana?
3 ¿Cómo se puede llegar a la Molina desde Barcelona?
4 ¿Qué medios se utilizan para preparar las pistas?
5 ¿Qué categoría de esquiadores puede utilizar las pistas de la Molina?
6 ¿Cuáles son los mejores meses del año para esquiar en la Molina?
7 ¿Qué servicios ofrece la Molina a los motoristas?
8 ¿Cuándo se puede disponer de nieve artificial?
9 ¿Cuál es la desventaja de esquiar en la Molina los fines de semana?
10 ¿Qué debería existir entre la Molina y Masella dado que las pistas se comunican?

2

Lesson 3

You will read about:
- *Andalusia*
- *Seville, Cordoba and Granada*
- *Flamenco*

You will study:
- *the use of the subjunctive with expressions of emotion and probability*

ANDALUCÍA

Con casi una sexta parte del área total del país, Andalucía es la región más grande de España y la más poblada. Situada en la parte sur de la Península, es una extensa llanura bañada por el Guadalquivir, el 'río grande' de los árabes, que los romanos llamaron Betis. Es una región caracterizada por su diversidad física y marcados contrastes: nieves perpetuas en la Sierra Nevada y altas temperaturas en Sevilla en el verano; la precipitación promedio más alta de Europa Occidental en las marismas de Doñana y el área más seca de Europa en Almería; grandes centros de población y turismo en la costa y extensas áreas despobladas en el interior.

En Andalucía se distinguen cuatro regiones:

La Sierra Morena, que sirve de límite con la altiplanicie castellana y ocupa parte de las provincias de Huelva, Sevilla, Córdoba y Jaén. Es una región tradicionalmente minera, rica en plomo, hulla y cobre.

La depresión bética, que se extiende a lo largo de las riberas del Guadalquivir y que ha sido la ruta de acceso de las muchas civilizaciones que se han asentado en la Península. Es un área muy fértil que

¿Sabía Ud. que...?

- *Una raíz común en topónimos del sur de Andalucía y otras regiones del sur y centro de España es 'Guadi', del árabe 'wadi', que significa 'río'.*

- *A pesar de los ocho siglos de ocupación musulmana, el árabe nunca se impuso en España.*

- *Se dice que el dialecto Andaluz dio origen al habla hispanoamericana.*

comprende las campiñas de Jaén, Córdoba y Sevilla y termina en Doñana, el mayor parque natural de Europa, donde el estuario del Guadalquivir crea marismas que dan refugio a una fauna muy rica y variada.

Las cordilleras béticas, en la parte sudoriental de Andalucía, que corren paralelas al mar y ocupan la mayor parte de la región. Contienen varias sierras entre las que sobresalen las Serranía de Ronda, la de Alpujarra y la Sierra Nevada; en ésta última se encuentran los picos más altos de la Península Ibérica.

Y finalmente la costa, con sus 812 kilómetros sobre el Atlántico y el Mediterráneo, ofrece en su Costa de la Luz, Costa del Sol, Costa Tropical y Costa de Almería el mayor atractivo turístico de Europa.

Andalucía es también la región agrícola más importante de España y la segunda en la cría de animales. Además de los cultivos mediterráneos tradicionales (aceitunas, cereales y viñedos), se producen arroz, algodón, frutas cítricas y frutas tropicales.

Andalucía tiene importantes centros de población entre los que se destacan Sevilla, Granada, Córdoba, Cádiz, Jaén, Huelva, Málaga y Almería, cada una de las cuales brinda atractivos especiales, ya sean turísticos o culturales.

La región contiene importantes muestras artísticas y culturales que se remontan a los orígenes de la civilización europea: pinturas prehistóricas rupestres, restos de la civilización de bronce, vestigios fenicios, griegos y cartagineses; la bética de los romanos fue la región más avanzada de la Hispania, lo cual se evidencia en las innumerables ruinas de ciudades y en el sistema de regadío; luego vinieron las invasiones visigodas, que trajeron destrucción, pero también mucha influencia artística. Sin embargo, fue la prolongada ocupación musulmana (siglos VIII al XV), la que dio a la región, conocida entonces como Al-Andalús, la rica mezcla de cultura hispano-árabe que la convirtió en el principal centro creador del mundo de la época. Ejemplos supremos de esta innovadora mezcla son la mezquita de Córdoba, la Giralda de Sevilla, y la Alhambra y el Generalife de Granada.

La vitalidad creadora del la cultura hispano-árabe no terminó con el fin del imperio árabe en España, sino que continuó durante el Renacimiento y el Barroco, manifestándose principalmente en la arquitectura y la escultura, pero también en la pintura de artistas como Velázquez y en las obras de escritores como fray Luis de Granada y Luis de Góngora.

Esta influencia se nota aún en los siglos XIX y XX, que han producido nombres famosos como Manuel de Falla, Pablo Picasso y una larga lista de escritores como Gustavo Adolfo Bécquer, Juan Valera, Pedro Antonio de Alarcón, Manuel y Antonio Machado, Juan Ramón Jiménez; Alberti, García Lorca...

Andalucía también posee una cultura popular en la que sobresalen el flamenco, con su conocidos baile, cadencia y cante; las procesiones y las romerías de Semana Santa, saturadas de color y populismo religioso; el dialecto andaluz, con su música y variedad de matices; y su gastronomía, que han legado al mundo el gazpacho, el jamón de Jabugo y los vinos de Jerez.

VOCABULARY

raíz, f.	root, stem
topónimo, m.	place name
se impuso (imponerse)	got established
precipitación, f.	rainfall, precipitation
promedio, m.	average
marisma, f.	marsh
despoblada	unpopulated
plomo, m.	lead
hulla, f.	coal
cobre, m.	copper
ribera, f.	(river) bank
se han asentado (asentarse)	have established themselves
campiña, f.	countryside
estuario, m.	estuary, delta
sierra, f.	mountain range
serranía, f.	mountain range
pico, m.	peak, height

agrícola	agricultural
cría de animales, f.	animal husbandry
viñedo, m.	vineyard
se remontan	date from
(remontarse)	
rupestre	rupestrian, rock (adj.)
regadío, m.	irrigation
luego	later
mezcla, f.	blend, mixture
sobresalen	stand out
(sobresalir)	
cadencia, f.	cadence, rhythm
cante, m.	singing
romería, f.	pilgrimage
matiz, m.	nuance

3

Exercise 17

Rewrite these sentences replacing the words underlined with an appropriate expression from the list provided and changing the form of other words, if necessary.

culturas, literatos, promedio de lluvia, cimas, área, establecieron, regada, son manifestaciones, árabe, reserva

1 Andalucía es la región más grande de España.

2 Doñana es un parque natural.

3 Es una altiplanicie bañada por el Guadalquivir.

4 Andalucía tiene la precipitación promedio más alta de Europa.

5 Muchas civilizaciones se asentaron el la Península.

6 La Sierra Nevada tiene los picos más altos de la Península.

7 En Andalucía hay vestigios de muchas civilizaciones.

8 La ocupación musulmana de España duró ocho siglos.

9 Andalucía ha producido muchos escritores.

10 Las procesiones y romerías de Semana Santa tienen mucho color y populismo religiosos.

SEVILLA: FABULOSA E HISTÓRICA

Las raíces de Sevilla se remontan al siglo IV a.c. con los avanzados, pero misteriosos Tartesios, en cuyas ruinas los romanos construyeron una ciudad a la que llamaron Híspalis, vocablo de origen fenicio o celtíbero del que se dice que se deriva la palabra Hispania, nombre que los romanos dieron a la Península. A los romanos sucedieron los visigodos y a éstos los árabes, quienes restauraron la belleza y esplendor de Izvila (de donde se deriva el nombre moderno de la ciudad) con edificaciones como la Giralda, el imponente minarete originalmente coronado con cuatro manzanas doradas, construido en 1198. Después de la reconquista de la ciudad por Fernando II se completó la torre con veinticinco campanas y una enorme estatua de la Fe, la cual sirve de veleta, y a la que se conoce localmente como 'Giraldilla', de donde se deriva el nombre de la Giralda.

La ciudad llegó a la cúspide de su esplendor durante los siglos XVI y XVII, cuando tenía el monopolio del comercio con las colonias americanas y se convirtió en el puerto más importante y rico del mundo. De esta época data la fama de la Torre del Oro, construida en 1220 como torre de defensa en la margen izquierda del Guadalquivir. Se dice que cuando Sevilla administraba las colonias americanas, la torre se usó para almacenar las inmensas cantidades de oro provenientes del Nuevo Mundo. De ahí su nombre. Otros opinan que el nombre probablemente sea una referencia a los azulejos dorados que la cubrían.

Sevilla posee la catedral más grande de España y la tercera en el mundo cristiano, después de las de San Pedro en Roma y la de San Pablo en Londres. La catedral de Sevilla fue erigida sobre las ruinas de la mezquita mayor de la ciudad, derrumbada en el siglo XII con este propósito; guarda los restos de Cristóbal Colón y una excelente colección de pinturas de Murillo, Zurbarán y Goya.

Sevilla es la ciudad donde tiene lugar la historia de Carmen (principal personaje de la ópera de Bizet) y es famosa por sus finos jardines y típicos barrios, que le dan

3

un colorido y una vida únicos. También conocidas son las celebraciones de Semana Santa, con sus cofradías y procesiones, y la feria de abril, con sus famosas flores, casetas e iluminaciones.

Sevilla ha producido muchas eminencias culturales y artísticas entre las cuales descuellan Antonio Nebrija, quien escribió la primera gramática española; Bécquer, el gran poeta romántico; Antonio Machado, poeta; y los pintores Diego Velázquez y Bartolomé Esteban Murillo. En una de sus cárceles Miguel de Cervantes concibió las aventuras de Don Quijote.

3

VOCABULARY

fenicio	Phoenician
celtíbero, m.	Celto-Iberian
minarete, m.	minaret
veleta, f.	weather vane
cúspide, f.	height, pinnacle
esplendor, m.	splendour, grandeur
margen, f.	(river) bank
almacenar	to store, to stock
proveniente	coming from
azulejo, m.	(ornamental) glazed tile
erigida (erigir)	erected
derrumbada (derrumbar)	pulled down
restos, m.	remains
cofradía, f.	brotherhood
caseta, f.	temporary hut
descuellan (descollar)	stand out
cárcel, f.	prison

Exercise 18

Complete the following statements with the appropriate word:

tumba, próspera, defensa, encarcelado, ambiente, gramático, luces, estatua, se desarrolla, Izvila

1. ... fue el nombre que los árabes le dieron a Híspalis.
2. Giraldilla es el nombre de una ... .
3. La Torre del Oro se construyó originalmente para la ... de Sevilla.
4. Sevilla era una ciudad ... en los siglos XVI y XVII.
5. La ... de Cristóbal Colón se encuentra en la catedral de Sevilla.
6. Los jardines y barrios le dan a Sevilla un ... único.
7. 'Carmen', la ópera de Bizet ... en Sevilla.
8. Para la feria de abril, Sevilla se cubre de ... .
9. Antonio Nebrija fue el primer ... español.
10. Miguel de Cervantes estuvo ... en Sevilla.

CÓRDOBA, CIUDAD DEL ESPÍRITU

Fundada sobre una antigua ciudad celtíbera, Córdoba fue construida hacia el año 152 a.C. como capital de la provincia romana Hispania Ulterior. Estuvo por un corto tiempo en manos de los visigodos y entre los siglos VIII y XI fue la capital de la España musulmana y corte de los califas de occidente. Los musulmanes fomentaron el desarrollo de una gran cultura basada en el arte y la ciencia, en la que se integraron las tradiciones cristiana, judía y musulmana. Fue reconquistada por Fernando II en 1236 y dos siglos después se convirtió en la base desde donde los Reyes Católicos ingeniaron y dirigieron el sitio de Granada.

Córdoba es famosa tanto en el mundo musulmán como en el mundo cristiano por la mezquita, su principal monumento. Es una construcción única en su género – el símbolo de esplendor del califato – concebida como 'aljama', lugar de oración y reuniones. Empezó a construirse sobre las bases de una iglesia visigótica por orden de Abderramán I en el siglo VIII; fue continuada bajo los reinados de Abderramán II y Alhakam III, y terminada a finales del siglo X bajo Almanzor.

Al ser conquistada Córdoba, la mezquita fue consagrada como catedral y dos siglos más tarde en su centro, por orden de los Reyes Católicos, se construyó una capilla. Durante el reinado de Carlos V se iniciaron obras de ampliación de la capilla que duraron doscientos cuarenta y tres años, lo que explica la combinación de formas arquitectónicas – ojivales, platerescas, herrerianas y barrocas – que se conjugan en harmonía y gran belleza. El exterior de la mezquita, con su aspecto de fortaleza, no revela la belleza de su interior: sus 19 arcos de herradura, correspondientes a las 19 naves de la mezquita, semejan un bosque de columnas y arcos pintados de rayas blancas y rojas donde la mirada se pierde.

La variedad de estilos presente en la mezquita también se ve reflejada en las calles de la ciudad, donde se encuentran iglesias góticas con torres mudéjares, casas con fachadas platerescas, palacios renacentistas y la única sinagoga que sobrevivió en Andalucía.

Córdoba ha producido una cosecha de figuras famosas entre las cuales se cuentan: Séneca, el filósofo; Lucano, el poeta; Maimónides, el gran filósofo judío; Averroes, el gran filósofo y médico musulmán; el poeta Luis de Góngora; el Duque de Rivas, poeta y dramaturgo; y el pintor Julio Romero de Torres.

VOCABULARY

califa, m.	Caliph
reconquistada	recaptured
ingeniaron	contrived
(ingeniar)	
oración, f.	prayer
bases, f.	foundations
reinado, m.	reign
ojivales	ogival
platerescas	plateresque

herrerianas	herrerian (from Herrera, famous Spanish architect)
se conjugan (conjugarse)	blend together
fortaleza, f.	fortress
arco (m.) de herradura, f.	horseshoe arch
nave, f.	nave
semejan (semejar)	resemble
bosque, m.	woods, forest
cosecha, f.	crop

3

Exercise 19

State whether each of the following statements is true (**verdadero**) or false (**falso**):

1 Córdoba fue construida en el siglo II.

2 Córdoba fue el centro principal del gobierno musulmán en España.

3 Los musulmanes impusieron su cultura por toda España.

4 La construcción de la mezquita de Córdoba duró más de dos siglos.

5 Los Reyes Católicos conservaron la mezquita intacta.

6 La capilla central muestra una variedad de estilos arquitectónicos.

7 Carlos V no vio terminada la capilla central.

8 El arte mudéjar se nota en las torres.

9 Hay sólo una sinagoga en Córdoba.

10 El platteresco se refiere a ornamentos de plata.

GRANADA, CIUDAD POÉTICA

Granada se encuentra enclavada en medio de una región de gran belleza natural, clima seco y benigno, y cielos despejados. Hacia el sudeste se levanta la Sierra Nevada, con sus nieves perpetuas, y hacia el sudoeste la vista se deleita con la maravillosa vega granadina y una franja continua de vegetación tropical. Granada es una mezcla exquisita, mitad árabe, mitad cristiana, que a lo largo de su historia ha sabido conservar sus características únicas y su rica herencia mixta.

La ciudad ganó prominencia con la difusión del Cristianismo, cuando se convirtió en obispado. En el siglo VIII fue anexada al Califato de Córdoba y en el siglo XI declaró su independencia y se convirtió en reino de Taifa, siendo poco después ocupada por los almorávides y almohades que llegaron del norte de Africa.

Recuperó su independencia en 1238 bajo Alhamar, primer rey de la dinastía Nazarita, quien la convirtió en el centro de su reino, el último de la dominación musulmana de España. Alhamar y sus descendientes lograron resistir por dos siglos el sitio de las fuerzas cristianas hasta 1492 cuando Boabdil abdicó y se rindió a los Reyes Católicos. A pesar del prolongado sitio, Granada creció y prosperó durante este tiempo, desarrolló su comercio con otras áreas del Mediterráneo y se convirtió en un refugio donde florecieron las artes, las letras y las ciencias.

Los Reyes Católicos establecieron en Granada un centro administrativo y un cuartel militar, y empezaron el proceso de asimilación de la población, que duró mucho tiempo. También por orden real se iniciaron obras monumentales que continuaron bajo el reinado de Carlos V y entre las que se destacan un palacio y la iglesia de Santa María.

Granada es una ciudad de encantos dominada por la Alhambra, construida sobre una colina roja (Al-Hamra), de donde toma su nombre. La Alhambra es la expresión genuina de la cultura Nazarí transplantada a Granada. En su ventajosa posición, con la vista abierta a los cuatro puntos cardinales, radica la esencia de esta arquitectura monumental, clasificada como una de las maravillas del

mundo. El conjunto está formado por edificaciones
militares, administrativas, palatinas y religiosas
totalmente rodeadas de murallas y torres.

Otra joya de Granada es el Generalife ('el jardín del
arquitecto'), que fue la residencia de recreo y descanso
de los reyes nazaritas, desde donde se divisa el
panorama de la ciudad, con la Alhambra en primer plano.
Con su estructura en terrazas, sus estanques, fuentes y
surtidores, el Generalife es una magnífica muestra del
jardín hispano-árabe. No es de extrañar que, junto con la
Alhambra, el Generalife haya sido designado Patrimonio
Cultural de la Humanidad.

VOCABULARY

enclavada	set, located
despejado	clear, cloudless
se levanta	rises
(levantarse)	
vista, f.	eyes, sight
se deleita con	enjoys, delights in
(deleitarse)	
vega, f.	fertile plain, meadows
franja, f.	strip (of land)
herencia, f.	inheritance
obispado, m.	bishopric
sitio, m.	siege
se rindió (rendirse)	surrendered
cuartel, m.	barracks
encanto, m.	charm, enchantment
colina, f.	hill
ventajosa	advantageous
punto cardinal, m.	cardinal point
conjunto, m.	set, complex
palatina	palatial, palatine
terraza, f.	terrace
estanque, m.	pond
fuente, f.	fountain
surtidor, m.	water jet, sprinkler

Exercise 20

Answer the following questions fully in Spanish:
1 ¿Cómo es el clima de Granada?
2 ¿En qué dirección se ven nieves perpetuas?
3 ¿Por qué se dice que Granada es una
   herencia mixta?
4 ¿Cuánto tiempo duró el sitio de Granada?
5 ¿En qué época fue Granada un reino de Taifa?
6 ¿Qué significa Alhambra?
7 ¿Qué uso tuvieron las edificaciones que forman
   la Alhambra?
8 ¿Cuál es el mejor ejemplo del jardín
   hispano-árabe?
9 ¿Cuál fue el propósito del Generalife?
10 ¿Quién fue el último rey musulmán en España?

Feature

EL FLAMENCO

La música, el baile y el canto que caracterizan al
flamenco son de origen antiguo. Ya en tiempos de
Adriano, las bailarinas gaditanas tenían mucha fama
en Roma. Pero los primeros intentos del flamenco
como hoy se conoce datan del siglo XVIII, cuando
en 1783 Carlos III decide liberar a los gitanos de las
persecuciones de que habían sido objeto desde su
llegada a España tres siglos antes.
   Pero el flamenco se había desarrollado lentamente
por muchos años al margen de la sociedad, en los
núcleos familiares que habitaban el territorio que
queda entre Cádiz y Sevilla. Para ese entonces el
flamenco había absorbido diversas influencias:
bizantina, árabe, judía y propiamente andaluza.
Los 'tablaos' mismos aparecieron en Sevilla en 1842
y con el tiempo se difundieron por el resto de
Andalucía, Madrid, Barcelona, Bilbao y después

por el resto de Europa y el mundo entero.

El flamenco tiene muchas formas como las primitivas 'tonás', 'seguiriyas' y 'soleares'. Las suaves 'bulerías' y 'alegrías' contrastan con la seriedad de los 'fandangos' y el 'cante jondo'. Otros cantes no propiamente gitanos como las 'malagueñas', 'sevillanas' y 'rumbas' usan elementos del flamenco. También son populares las 'saetas', alusivas a la pasión de Cristo o a los dolores de la Virgen.

El texto y melodía del cante, así como el baile, pueden ser improvisaciones dentro de ritmos característicos y acordes tradicionales. El baile se caracteriza por el 'zapateado' o 'taconeo', que incluye una serie de pasos intrincados en los que el 'bailaor' marca el ritmo con las puntas y el tacón de los zapatos. El baile de las mujeres se basa en delicados y elegantes movimientos del cuerpo y de las manos. El zapateo y el cante normalmente se acompañan de rítmicos aplausos y gritos. Desde el siglo XIX la guitarra ha proporcionado el acompañamiento que hoy caracteriza al flamenco.

VOCABULARY

gaditanas	from Cadiz
gitano, m.	gypsy
de que habían sido objeto	which they had been subjected to
lentamente	slowly
para ese entonces	by then
tablao, m.	place where flamenco is performed
alusiva	allusive, referring to
zapateado, m.	tap dance
taconeo, m.	tap dance
intrincado	intricate
bailaor, m.	flamenco dancer
tacón, m.	heel (of shoe)

Exercise 21

State whether each of the following statements is true (**verdadero**) or false (**falso**):

1 El flamenco se originó en Roma.
2 A su llegada a España, los gitanos fueron bienvenidos.
3 El flamenco moderno data del siglo XVIII.
4 La cuna del flamenco está en Andalucía.
5 El flamenco es una mezcla de varias influencias.
6 Un 'tablao' es un lugar donde se baila y canta flamenco.
7 La 'malagueña' y la 'rumba' son variedades de flamenco.
8 El flamenco es siempre una improvisación.
9 El baile de los hombres no es tan rítmico como el de las mujeres.
10 La guitarra siempre ha sido el instrumento con que se acompaña el flamenco.

3

7 USES OF THE SUBJUNCTIVE WITH EXPRESSIONS OF EMOTION

The subjunctive mood is used with expressions of emotion (anger, fear, joy, hope, pity, shame, sorrow, surprise, etc.), or evaluation (when the speaker expresses a personal opinion about something). Consider, for example, the statement:

La Alhambra es bellísima.

This can be rendered in indirect speech:

Dicen que la Alhambra es bellísima.
They say that the Alhambra is most beautiful.

Or expressed as an opinion:

Creo que la Alhambra es bellísima.
I think the Alhambra is most beautiful.

Or even stressed as a certainty:

Es verdad/cierto que la Alhambra es bellísima.
It's true/certain that the Alhambra is most beautiful.

But the moment the speaker expresses a higher degree of uncertainty, or expresses an emotional response or an evaluation, the subjunctive is required. For example:

No me sorprende que la Alhambra sea tan bella.
I am not surprised that the Alhambra is so beautiful.
Sería raro que la Alhambra no fuera bellísima.
It would be strange if the Alhambra were not beautiful.

Study these examples:

Siento que tengas que irte.
I'm sorry you have to go.
Me gustó que tuvieras tanto éxito.
I was pleased you were so successful.
Temen que el ladrón vuelva.
They're afraid the thief may return.
Me irritó que María no hubiera venido.
I was annoyed María hadn't come.
Me sorprende que quieran verme.
I'm surprised they want to see me.

and

Es mejor que vuelvas a casa solo.
It's best you return home alone.
Fue buena idea que tú escribieras la carta.
It was a good idea that you wrote the letter.
¿Importa que ella esté allí?
Is it important that she is there?
Era justo que él ganase.
It was fair that he won.
Es hora de que salga el tren.
It's time the train left.
Fue inútil que pidiésemos hablar con el gerente.
It was useless to request to speak to the manager.

Basta que declaren dos testigos.
It's enough that two witnesses testify.
Fue raro que lo hiciese así.
It was strange he did it that way.
Es vergonzoso que bebas tanto.
It's shameful you drink so much.
¿Te parece aceptable que me quede?
Do you think it is acceptable that I stay?

N.B. Notice the use of the infinitive in the following sentences:

Lamento decirte esto.
I'm sorry to tell you this.
Estamos contentos de verte.
We're glad to see you.
Tiene miedo de ir sola.
She's afraid to go alone.

8 | USE OF THE SUBJUNCTIVE WITH EXPRESSIONS OF PROBABILITY

The following expressions are always followed by the subjunctive:

Es probable que el nombre se refiera a los azulejos.
It's probable that the name refers to the tiles.
Es improbable que ganes el premio.
You're unlikely to win the prize.
Es posible que sea verdad.
It may be the truth.
Puede que ella nos invite.
She may invite us.
Existe la posibilidad de que sea así.
There's a chance it may be so.

But with the various words which mean 'perhaps', the use of the subjunctive depends on the degree of improbability implied. Compare:

Quizá(s) viene tarde.
Maybe he'll come late.
Quizá(s) venga tarde.
Perhaps (though very unlikely) he'll come late.

With the indicative, a greater degree of likelihood is implied than with the subjunctive. Compare:

Acaso sea mejor así.
Maybe it's better this way.
Acaso es mejor así.
It's probably better his way
Tal vez lo encuentras en casa.
Perhaps you'll find it at home.
Tal vez lo encuentres en casa.
Perhaps you may find it at home.
A lo mejor ya está desocupado.
He may now be free.
A lo mejor ya esté desocupado.
He might now be free.

Exercise 22

Put the infinitive in brackets into the correct verb form:

1 Es ridículo que nosotros (quedarse) solos.
2 Está triste de que su padre no (haber) querido asistir a su boda.
3 Daba vergüenza que ella (comportarse) así.
4 Me alegro de que Juan nos (haber) pedido ayuda.
5 Parece raro que ellos (tardar) tanto en volver.
6 Estaban sorprendidos de que nosotros (haber) llegado tan tarde.
7 ¿Te parece justo que Pedro (haber) heredado todo?
8 Se extrañaron de que nosotros (reírse) tanto.
9 ¿Te duele que Alberto no te (escribir)?
10 Es absurdo que tus padres no te (permitir) salir de noche.

Exercise 23

Unscramble the following sentences:

1 temprano hijo posible que mi es salga.
2 contenta prestara el que de Juana libro estaba Miguel le.
3 una que enfermos estén lástima es todos.
4 ¿que parece te sirva bien yo mediador de?
5 entendido parece que hayas imposible me no.
6 reconozca raro que no es te.
7 mal molesta hables padres me sus que de.
8 se nuevo que increíble encontraran de fue.
9 fuera pronto se mucho que tan sentimos.
10 tanto quisiera natural lo era que.

3

LISTENING PRACTICE

La huella árabe en España

La invasión musulmana de la Península Ibérica en 711 y los ocho siglos de ocupación que siguieron, dejaron marcas indelebles en España y Europa. La convivencia entre las dos culturas hizo posible que cristianos vivieran entre árabes (mozárabes) y árabes entre cristianos (mudéjares) en tolerancia religiosa. Esto produjo una cultura floreciente cuyo rasgo más característico fue la adopción de la filosofía clásica.

Después del establecimiento del Califato de Córdoba los califas fomentaron el desarrollo de una vida cultural intensa en la que se conjugaron las tradiciones clásica, cristiana, musulmana y judía. Esto atrajo a los filósofos, poetas, médicos, astrónomos, historiadores y matemáticos más famosos de la época a las bibliotecas, universidades, sinagogas y mezquitas, donde se llevaban a cabo debates de gran valor intelectual y cultural. Famosa entre todas las instituciones fue la Escuela de Traductores de Toledo, patrocinada por

Alfonso X, responsable de la preservación y difusión de las mejores ideas y obras de las civilizaciones griega, judía y árabe, las cuales enriquecieron la cultura europea.

Un efecto más palpable de la influencia musulmana en España se nota en la arquitectura, que dejó obras tan importantes como la mezquita de Córdoba, la Alhambra y el Generalife de Granada, la Giralda y el Alcázar de Sevilla y los magníficos palacios-jardines, manifestaciones todas de una cultura creadora y de altas dotes estéticas.

La lengua árabe, aunque no se impuso en la Península a pesar de la larga ocupación, legó unos centenares de palabras al español, reemplazando vocablos latinos y castellanos. Muchos de estos vocablos, como alcohol, álcali, elíxir, álgebra, jazmín, tarifa, emir y arsenal han pasado a otras lenguas casi intactas; otras como algodón, azafrán, azúcar, alcachofa, arroz, azufre, alumbre se han adaptado a otras lenguas. Además de innumerables topónimos como Guadarrama (río arenoso), Guadalajara (río pedregoso), Albacete (la llanura), Alcalá (el castillo), Alcántara (el puente) y Algeciras (las islas), el español heredó palabras de uso diario como jarra, taza, zanahoria, ojalá, azucena, almohada, aldea, alcantarilla, alcoba, alfarero, almíbar, alfiler, almacén, ataúd, jinete ...

VOCABULARY

huella, f.	trace, imprint	**enriquecieron**	enriched
indeleble	indelible	**(enriquecer)**	
convivencia, f.	co-existence	**algodón, m.**	cotton
floreciente	flourishing	**azafrán, m.**	saffron
rasgo, m.	feature	**azúcar, m.**	sugar
fomentaron	encouraged	**(f. Latin America)**	
(fomentar)		**alcachofa, f.**	artichoke
traductor, m.	translator	**arroz, m.**	rice
patrocinada	sponsored	**azufre, m.**	sulphur

alumbre, m.	alum	**alcantarilla, f.**	sewer
jarra, f.	jug	**alcoba, f.**	bedroom
taza, f.	cup	**alfarero, m.**	potter
zanahoria, f.	carrot	**almíbar, m.**	syrup
ojalá	let's hope...	**alfiler, m.**	pin
azucena, f.	water lily	**almacén, m.**	store, shop
almohada, f.	pillow	**ataúd, m.**	coffin
aldea, f.	village	**jinete, m.**	horse rider

3

Exercise 24

Answer the following questions in Spanish:

1 What is a mozarab?

2 Which was the most prominent feature of the hispano-arabic culture?

3 Which cultures blended together under the Caliphs?

4 Who sponsored the Toledo School of Translators?

5 What was the school's main contribution to Spanish culture?

6 What do the Alhambra, the mosque of Cordoba and other monuments give evidence of?

7 What is the contribution of the Arabic language to Spanish culture?

8 What is one of the commonest Arabic roots in Spanish place names?

9 What does it mean?

10 How do you think 'Alcántara' and 'alcantarilla' are related?

Lesson 4

You will read about:
- the Basque country
- Picasso's Guernica
- Two famous Basques – Induráin and Loyola

You will study:
- the use of the infinitive in various contexts
- the infinitive after some prepositions

EL PAÍS VASCO

El País Vasco es una región aislada por su accidentada geografía. Por esta razón sus habitantes lograron conservar a lo largo de los siglos la pureza de su raza, de sus costumbres y de su idioma. Caracterizan a esta región, además de los Montes Vascos, las costas abruptas, los cortos pero caudalosos ríos, las profundas entradas del mar en las desembocaduras fluviales, el clima oceánico y la abundancia de las lluvias.

Alava, con sus llanuras, se distingue por su riqueza agrícola; mientras Vizcaya y Guipúzcoa se destacan por su industrialización derivada en gran parte de las minas de hierro que dan empuje a la construcción naval y a las industrias ferroviaria, de maquinaria pesada, de productos químicos y alimenticios y de electrodomésticos.

VOCABULARY

otorga (otorgar)	confers
a ciencia cierta	with certainty
entrada, f.	inlet
desembocadura, f.	estuary
fluviales	pertaining to rivers
se destacan (destacarse)	stand out
en gran parte	to a large extent
hierro, m.	iron
dan empuje a	drive
industria ferroviaria, f.	railway industry
alimenticios	food (products)

LOS VASCOS DE CRO-MAGNON

Según un estudio estadounidense, no sólo no se carece de bases científicas para clasificar a los seres humanos en razas diferentes, sino que ese 'ejercicio fútil, por razones que ya tenía claras Darwin', no ha hecho más que demostrar que la diversidad genética, bioquímica y sanguínea entre individuos de una misma raza es aún mayor que la que existe entre razas aparentemente distintas.

Sin embargo, y partiendo de que el concepto de raza no parece ser más que un estereotipo cultural, resulta que los vascos poseen unas características especiales en diversos genes (que determinan, por ejemplo, el tipo de sangre y la morfología de la mandíbula) que no sólo les identifica como diferentes del resto de los europeos, sino que incluso los hacen únicos en el mundo entero.

Tales conclusiones no proceden de las especulaciones de ningún político o filósofo: están fundamentadas en un estudio científico por trazar el árbol genealógico de la humanidad: un estudio de 16 años por un equipo de la Universidad de Stanford, en los EE UU, dirigido por los profesores Luca Cavalli-Sforza, Paolo Menozzi y Alberto Piazza, que ha trazado el primer Atlas Genético de la Tierra.

Cavalli-Sforza descubre que en Europa hay cuatro poblaciones que están totalmente alejadas, en el mapa genético, de las del resto del continente: lapones, sardos, vascos e

---

¿Sabía Ud. que ...?

▪ *Un estudio norteamericano que niega la existencia de las razas tradicionales otorga a los vascos el privilegio de ser descendientes directos del hombre de Cro-Magnon, de la época paleolítica.*

▪ *El idioma vasco, el Euskera, es de origen desconocido. Algunos creen que es descendiente del ibero, otros que proviene de las lenguas caucásicas. Lo único que se sabe a ciencia cierta es que es más antiguo que las lenguas indoeuropeas.*

islandeses. De estos son los vascos los que 'probablemente descienden directamente de los hombres de Cro-Magnon del Paleolítico Superior, los primeros humanos modernos de Europa', mientras que los otros tres proceden de ramas posteriores, ya en el Neolítico.

El estudio parece indicar que los vascos 'son una reliquia de la población del Paleolítico Superior. El flujo genético de los pueblos que llegaron más tarde a la zona, empezando en el Neolítico, no canceló completamente la identidad vasca'.

VOCABULARY

fútil	trivial, pointless
diversidad sanguínea, f.	blood-type diversity
resulta (resultar) que	it emerges that
tipo de sangre, m.	blood type
morfología, f.	morphology, structure
mandíbula, f.	jaw
no sólo	not only
político, m.	politician
trazado (trazar)	outlined
alejadas	isolated
lapón, m.	Laplander
sardo, m.	Sardinian
islandés, m.	Icelander
reliquia, f.	vestige
flujo, m.	flow

Exercise 25

Complete the following statements with the appropriate word:

Euskera, Euskadi, industrial, genéticamente, árbol, estereotipo, origen, Paleolítico, Neolítico, conservaron.

1 Los habitantes del País Vasco ... su raza, costumbres e idioma por estar aislados.
2 El nombre vasco que incluye las provinciás de Alava, Vizcaya y Guipúzcoa es ... .
3 El País Vasco es una región más que todo ... .
4 Los vascos son ... singulares en todo el mundo por su tipo de sangre y su mandíbula.
5 El idioma vasco o vascuence también se conoce como ... , su nombre vasco.
6 El proyecto de la universidad de Stanford tiene como fin trazar el ... genealógico humano.
7 Se cree que los vascos son los únicos europeos que descienden del ... .
8 El ... del Euskera es desconocido.
9 Los lapones, sardos e islandeses proceden del ... .
10 La idea de raza es un ... cultural.

Feature

GUERNICA Y PICASSO

Aunque Pablo Picasso nació en Málaga y se desarrolló como artista en Barcelona y más tarde en París, su nombre se encuentra estrechamente ligado a la historia del País Vasco. Se le llamó 'el inmortal Picasso' porque con su pintura se ganó el derecho a ser recordado por mucho tiempo.

Poseedor de una vitalidad extraordinaria, Picasso trabajó con entusiasmo hasta los últimos días de su vida. Y como si se hubiera tomado a pecho lo de 'inmortal', el gran artista vivió nada menos que 92 años. Picasso es indudablemente el pintor español más conocido en el mundo entero.

Su padre era pintor y desde pequeño Picasso empezó a

seguirle los pasos, manifestando un talento excepcional para la pintura. A los 14 años se fue a vivir a Barcelona con su familia, donde encontró el ambiente ideal para desarrollar su talento. Ingresó a la escuela de Bellas Artes de Barcelona y a los 23 años de edad, en 1904, se fue a París. Allí conoció a todos los pintores famosos de la época y aunque la vida al principio le fue muy ardua, su talento lo llevó poco a poco por la ruta del éxito, hasta plasmar su cuadro más famoso, su obra maestra, el Guernica.

Pintado en 1937, el Guernica fue el testimonio que dejó su autor al horror indescriptible de la guerra. Tal guerra fue la Guerra Civil Española y el escenario, Guernica, un pueblo del País Vasco que fue reducido a escombros por el bombardeo llevado a cabo por la fuerza aérea alemana. Picasso dejó el cuadro en el Museo de Arte Moderno de Nueva York, con la condición de que la obra fuese devuelta al estado español cuando existiera un gobierno democrático en España. Tras las elecciones generales españolas a principios de 1979 se iniciaron gestiones para cumplir su deseo. Hoy día el lienzo se encuentra en el Museo del Prado en Madrid.

VOCABULARY

estrechamente ligado	closely linked
se ganó (ganarse)	earned
como si se hubiera tomado a pecho	as if he had taken it seriously
nada menos que	not less than
seguirle los pasos (seguir)	to follow in his footsteps
ingresó (ingresar)	to enrol
la vida le fue muy ardua	life was very hard for him
plasmar su obra maestra	to create his masterpiece
reducido a escombros (reducir)	razed to the ground
bombardeo, m.	bombing
devuelta (devolver)	returned
se iniciaron gestiones (iniciar)	negotiations started
lienzo, m.	canvass

Exercise 26

State whether each of the following statements is true (**verdadero**) or false (**falso**):

1 La ciudad natal de Picasso es Barcelona.
2 Picasso ha sido llamado 'inmortal' porque vivió hasta los 92 años.
3 Picasso adquirió su fama en Barcelona.
4 En el Guernica Picasso expresa su horror por la guerra.
5 El padre de Picasso fue también un pintor famoso.
6 Picasso se asocia con el País Vasco porque fue allí donde pintó su obra maestra.
7 Picasso se fue a París a buscar la fama.
8 Picasso fue inspirado a pintar Guernica por la Guerra Civil Española.
9 El Guernica permaneció hasta 1979 en Nueva York.
10 El cuadro le pertenece a los herederos de Picasso.

DOS VASCOS FAMOSOS (1): INDURÁIN

Miguel Induráin Larraya, nació el 16 de Julio de 1964 en Villava, provincia de Navarra. Empezó a practicar el ciclismo desde los 9 años en compañía de sus hermanos. A los 12 años, en el vecino pueblo de Elizondo, sus hermanos lo vieron ganar su primera carrera, por lo cual recibió como premio un bocadillo y un refresco. De aquí en adelante siguió compitiendo como aficionado en eventos locales, los cuales le sirvieron no solo para ganarse la comida y el alojamiento en los sitios donde competía, sino que también – y aún más importante – lo convirtieron en un verdadero portento ciclístico.

En 1985, ya como profesional, participa en la prueba de fuego para todo profesional del ciclismo: el Tour de Francia. En esta ocasión, así como el año siguiente, tiene que abandonar la prueba. A otro ciclista tal vez le habría sido fácil rendirse, pero no a Induráin, quien aceptó cada derrota con dignidad, estoicismo y respeto por sus adversarios. Entre 1987 y 1990, se familiariza con el evento y aunque no gana, su posición general mejora año tras año. En 1991 Induráin obtiene su primera victoria en el Tour de Francia, lo que lo establece como uno de los grandes del ciclismo. Otros cuatros triunfos entre 1992 y 1995 lo convierten en un ídolo de multitudes, el único competidor que ha ganado el Tour cinco veces consecutivas.

Durante su tiempo en la cúspide de su deporte, Induráin era un fenómeno de la naturaleza, con una consstitución física especial: 78 kilos de peso y 188 centímetros de estatura; un corazón que latía a 40 pulsaciones y capaz de bombear 50 litros de sangre por minuto; unos pulmones capaces de alojar siete litros y medio de aire y unas piernas capaces de generar 500 vatios de potencia.

Los parámetros físicos de Induráin son muy bien conocidos y aún hoy en día los niños se retan los unos a los otros a recitar los muchos títulos que ganó este 'Quijote del ciclismo'.

VOCABULARY

ciclismo, m.	cycling
bocadillo, m.	sandwich
refresco, m.	soft drink
aficionado, m.	amateur
alojamiento, m.	lodging
portento, m.	genius
prueba, f.	competition
prueba de fuego (m.)	acid test
derrota, f.	defeat
cúspide, f.	top, pinnacle
constitución física, f.	physique
estatura, f.	height
latía (latir)	beat
pulsación, f.	beat (n.)
capaz	capable
bombear	to pump
alojar	to hold
vatio, m.	watt
se retan los unos a los otros (retar)	challenge each other

Exercise 27

Rewrite these sentences, replacing the words underlined with an appropriate expression from the list provided and changing the form of other words, if necessary.

constitución física, latido, producir, prueba, esta vez, seguidas, victorias, deportista, vasco, contener

1 Miguel Induráin es un ciclista <u>navarro.</u>
2 Cada <u>pulsación</u> puede impulsar más de un litro de sangre.
3 Sus pulmones son capaces de <u>alojar</u> siete litros y medio de aire.
4 Induráin no terminó la <u>carrera.</u>
5 Sus piernas pueden <u>generar</u> 500 vatios de potencia.
6 <u>En esta ocasión</u> abandona la prueba.
7 Induráin ganó el Tour de Francia cinco veces <u>consecutivas.</u>
8 Induráin ganó muchos <u>títulos.</u>
9 Induráin es un <u>ciclista</u> único.
10 Para ser un campeón, es necesario tener un <u>físico</u> perfecto.

4

DOS VASCOS FAMOSOS (2): LOYOLA

Íñigo López de Oñaz y Loyola, conocido más comúnmente como Ignacio de Loyola, nació en 1491 en el castillo de su familia, en Azpeitia (Guipúzcoa). A caballo entre la Edad Media y El Renacimiento, su vida asombrosa es en realidad dos vidas. La primera, que dura hasta los 33 años, parece arrancada de una novela de caballería como las que enloquecieron a Don Quijote. Le gustaban el juego, las mujeres, las riñas y las armas. Hasta estuvo enamorado de la Infanta Catalina de Aragón. Como cuenta él mismo en su autobiografía: 'se entregó a las vanidades del mundo, con un grande y vano deseo de ganar fama y honores.'

Su conversión fue de corte estrictamente medieval y caballeresco. Se fue en mula a Montserrat a confesar sus pecados, colgó sus armas de caballero ante el altar de la Virgen, y se fue a una cueva en Manresa en donde pasó un año entero de mortificaciones, de visiones y de éxtasis. Después de estudiar en Barcelona, Alcalá, Salamanca, París, Boloña y Venecia, fue ordenado sacerdote en 1538. Con seis amigos fundó la Compañía de Jesús, o los Jesuitas, de los cuales lo eligieron general. A la muerte de Íñigo en 1546 habían más de mil jesuitas, repartidos por el mundo entero, a cargo de 150 fundaciones, casas, universidades y colegios. Fue beatificado en 1609 y canonizado en 1662. Hoy la Compañía de Jesús sigue siendo lo que su fundador quiso que fuera: la principal fuerza de choque y de élite de la Iglesia Católica.

VOCABULARY

a caballo entre	straddled across
Edad Media, f.	the Middle Ages
Renacimiento, m.	the Renaissance
asombroso	amazing
arrancado de	torn from (the pages of)
novela de caballería, f.	a chivalresque novel
enloquecieron (enloquecer)	turned the mind of
juego, m.	gambling
riña, f.	fight
enamorado de	in love with
entregarse a	to devote oneself to
caballeresco	chivalresque
confesar sus pecados	to confess one's sins
colgar	to hang
ser ordenado sacerdote	to be ordained priest
repartido	scattered
beatificado	beatified
canonizado	canonised
fuerza de choque, f.	spearhead

Exercise 28

State whether each of the following statements is true (**verdadero**) or false (**falso**):

1 Ignacio de Loyola nació en el siglo XV.
2 Era de familia muy pobre y humilde.
3 Ignacio de Loyola vivió dos vidas paralelas.
4 Hasta los 33 años se dedicó a la vida fácil.
5 En su primera vida siguió la pauta de Don Quijote.
6 Su conversión ocurrió durante una de sus aventuras.
7 Después de su conversión pasó un año de sacrificios y ascetismo.
8 Fue ordenado a los 57 años.
9 Al fundar la Compañía de Jesús fue elegido presidente.
10 Desde 1662 se le conoce como San Ignacio de Loyola.

4

9 USES OF THE INFINITIVE

1 After **ser** + adjective

Es absurdo hacer comparaciones.
It's silly to draw comparisons.
Habría sido fácil rendirse.
It would have been easy to give up.

2 After verbs of perception (seeing, hearing, feeling)

Sus hermanos lo vieron triunfar.
His brothers saw him triumph.
No he sentido mis fuerzas flaquear.
I haven't felt my strength weaken.
La vi cruzar la calle.
I saw her cross the street.
Las oí reírse.
I heard them laugh.

Notice that if the identity of the person performing the action is not revealed or is unimportant, a 'passive' English translation might be appropriate, for example:

Oímos transmitir las noticias.
We heard the news broadcast.

3 After verbs of wishing

The most common use of the infinitive is following verbs like **querer, esperar, desear**, and the like, when the subject of the main verb and the infinitive is the same:

Sólo quiero ser Induráin.
I only want to be Induráin.
Esperas viajar.
You hope to travel.
No deseo visitar ningún monumento.
I don't wish to visit any monuments.

Other verbs which follow this pattern are:

anhelar	to long to
conseguir	to manage to
deber	to have to, must
decidir	to decide to
evitar	to avoid
intentar	to try to
lograr	to manage to
merecer	to deserve to
necesitar	to need to
pedir	to ask leave to
pensar	to intend to
preferir	to prefer to
procurar	to try to
prometer	to promise to
querer	to want to
saber	to know how to
sentir	to regret to
soler	to be used to
temer	to fear to

gustar	to like
alegrar	to please
parecer	to think (to seem)
convenir	to be convenient (to be best)

The last four verbs, **gustar, alegrar, parecer** and **convenir** are used in impersonal form:

Me gusta cantar mucho.
I like singing a lot.
Me alegra verte.
I am pleased to see you.
Me parece haberla visto.
I think I've seen her.
Nos conviene esperar.
It's best we wait.

Some of these verbs imply an indirect command:

Nos aconsejan gastar poco dinero.
They advise us to spend a little money.
Los hicieron cantar
They made them sing.
No le permitieron decir nada.
They did not allow her to say anything.
Me impidieron usar el teléfono.
They stopped me from using the telephone.
Se prohibe fumar.
Smoking is not allowed.

10 THE INFINITIVE AFTER PREPOSITIONS

In Spanish, the infinitive is the only verb form allowed after a preposition. This is illustrated here with five common prepositions.

1 Verbs that take **a**

After verbs which imply an indirect command:

Nos animan a practicar todo el tiempo.
They urge us to practice all the time.
Los forzaron a trabajar al aire libre.
They forced them to work outdoors.
El profesor los persuadió a esforzarse más.
The teacher persuaded them to try harder.
Nos invitaste a cenar.
You invited us to dinner.
El nos obligó a confesar.
He made us confess.

After verbs of motion, purpose is often expressed by **a**:

Entré a saludarlo.
I went in to greet him.
Subió a bañarse.
He went up to have a bath.
Nos sentamos a comer.
They sat down to eat.
Volveré a verte pronto.
I'll return to see you soon.

Volver a + infinitive also means to do something again:

Volvió a salir.
He went out again.

Most verbs indicating beginning also take **a** + infinitive:

comenzar a	to begin to
echarse a	to set off*
empezar a	to begin to
ponerse a	to set about
romper a	to start to

* especially with **reír** and **llorar**.

Other verbs which take **a** + infinitive include:

acostumbrarse a	to get used to
alcanzar a	to manage to

aprender a	to learn to
atreverse a	to dare to
ayudar a	to help to
decidirse a	to decide to

enseñar a alguien a	to teach someone to
negarse a	to refuse to
oponerse a	to object to
resignarse a	to resign to
inducir a alguien a	to induce someone to

2 Verbs that take '**de**'

The following verbs, which imply a separation from or ceasing of an action, take **de**:

Dejó de llover.
It stopped raining.
Me cansé de escribir.
I got tired of writing.

Other verbs which follow this pattern are:

acabar de	to finish
cesar de	to cease
hartarse de	to tire of
parar de	to stop
terminar de	to finish

Other verbs which take **de** + infinitive include:

acordarse de	to remember
alegrarse de	to be glad to
arrepentirse de	to regret
acusar a alguien de	to accuse someone of
avergonzarse de	to be ashamed of
jactarse de	to boast of
tratar de	to try to

N.B. **Acabar de** + infinitive in the present or past tenses means 'to have just done something':

4

Acabo de llegar.
I have just arrived.
Acabé de llegar.
I have just arrived.

In the imperfect tense it means 'had just done something':

Acabábamos de salir.
We had just left.

In the other tenses **acabar** reverts back to the original meaning of 'to finish'.

3 Verbs that take '**en**'

Insistimos en hacerlo.
We insisted on doing it.
El paquete tardó mucho en llegar.
The package took a long time to arrive.
Quedamos en vernos pronto.
We agreed to meet soon.

Other such verbs include:

acordar (en)	to agree to
consistir en	to consist of
convenir en	to agree to
esforzarse en / por	to strive to
persistir en	to persist in
vacilar en	to hesitate to

4 Verbs that take **por**

Empezamos por rezar.
We began by praying.
El tren aún está por salir.
The train still hasn't gone.

Por is used with verbs of striving, fighting, yearning to do something:

luchar por	to fight to
esforzarse por	to strive to
suspirar por	to yearn to
interesarse en / por	to be interested in

With verbs meaning beginning and finishing by doing something:

empezar por	to begin by
terminar por	to finish by

With the meaning of 'yet to' when used with **estar** and **quedar**:

El avión estaba por despegar.
The plane had not yet taken off.
La historia de este episodio está por escribirse.
The history of this episode has yet to be written.
Esta tierra queda por explorar.
This land is still unexplored.

N.B. **Estar por** also means 'to be inclined to', 'to have a mind to'.

5 Verbs that take **con**

Sueño con vivir en paz.
I dream of living in peace.
Me contenté con hablarle por teléfono.
I was happy to telephone her.
Me amenazaron con demandarme.
They threatened to sue me.

Exercise 29

In the following sentences provide a suitable linking preposition between the verbs and infinitives:

1 No me atrevo ... hablar español.
2 Convenimos ... salir para San Salvador mañana.
3 Me acuerdo ... habértelo dado ayer.
4 Sueño ... ganarme la lotería.
5 No dejes ... escribirnos cada semana.
6 En la fiesta no tardó ... aparecer el vino.
7 Acabamos ... verlo cruzar la calle.
8 ¿Quién te enseñó ... tocar el piano?
9 ¿Por qué insiste tanto ... servirnos vino?
10 Mi amigo terminó ... comprar una bicicleta.

Exercise 30

Translate the following sentences into English:

1 El día que murió, sus hijas no dejaron de llorar.
2 Se echó a correr, al oír su nombre.
3 Cuando volvió a sonar el teléfono, me negué a contestar.
4 Estoy por salir para Madrid.
5 Me parecía haberlo visto varias veces antes.
6 Nunca para de contarnos todo lo que ha hecho.
7 Hiciste bien en no decir nada.
8 Me cansé de comer siempre lo mismo.
9 Fue ayer cuando empezó a sentirse enferma y a insistir en volver a casa.
10 No hubo manera de hacerla comprender que no debía ir.

La pelota vasca

El juego de pelota es muy antiguo; se cree que entre los mayas era una actividad recreativa muy especial. Es el deporte más veloz de todos los deportes de cancha, en el que la pelota, de casi el tamaño de una pelota de béisbol y de un peso aproximado de 180 gramos, puede alcanzar velocidades de hasta 300 km/h, un poco más del doble de la velocidad del saque de un profesional de tenis.

Los orígenes del juego moderno se remontan a la Edad Media, cuando se introdujeron raquetas en los juegos de pelota de mano, para poder acelerarlos y al mismo tiempo evitar el daño a las manos. A mediados del siglo XIX, los vascos introdujeron la chistera, que es una cesta especial en forma de cuchara que el pelotari (jugador de pelota) lleva en el brazo con el propósito de impulsar la pelota a gran velocidad. Posiblemente se escogió la cesta por ser un implemento muy común entre la sociedad predominantemente agrícola de la época.

El juego se expandió rápidamente, primero por el resto de España y Francia, y después por América Latina. La pelota vasca llegó a Estados Unidos por Florida, donde vive un gran número de personas de ancestro español o latinoamericano. Allí el juego se conoce como jai alai , que significa 'fiesta alegre', tal vez por las animadas celebraciones que acompañan los juegos de pelota.

La pelota vasca se juega en una cancha, llamada a veces frontón, cuyas dimensiones varían de región a región y de país en país. Un frontón típico tiene un muro frontal de 11 metros de ancho por 14 de altura. El lado izquierdo de la cancha es un muro de 60 a 80 metros de largo. El muro de atrás suele ser más pequeño. Los muros tienen marcas para indicar el límite de juego. El público se sienta al lado derecho. El juego de pelota normalmente se juega en dobles; cada jugador lanza la pelota contra el muro frontal y el oponente tiene que capturarla con la chistera y lanzarla de nuevo contra el muro. Sólo se permiten dos rebotes de la pelota.

VOCABULARY

veloz	fast	**impulsar**	to propel
cancha, f.	court	**implemento, m.**	tool
un poco más	more than	**agrícola**	agricultural
del doble	twice	**ancestro, m.**	background,
velocidad, f.	speed		ancestry
saque, m.	serve	**varían (variar)**	vary
raqueta, f.	racquet	**muro, m.**	wall
pelota de	handball	**izquierdo**	left
mano, f.		**de atrás**	back, rear
evitar	avoid	**suele (soler) ser**	is usually
daño, m.	injury	**marca, f.**	marking, line
cesta, f.	basket	**derecho**	right
cuchara, f.	spoon	**lanza (lanzar)**	throws
brazo, m.	arm	**rebote, m.**	bounce
propósito, m.	purpose		

Exercise 31

Answer the following questions in Spanish:

1 ¿De cuándo data el juego de pelota vasca moderno?

2 ¿En qué países de Europa se juega pelota vasca?

3 ¿Cómo se llama a la pelota vasca en Estados Unidos?

4 ¿Qué es un frontón?

5 ¿Por qué se dice que la pelota vasca es el deporte de cancha más rápido?

Lesson 5

You will read about:
- Galicia
- Santiago de Compostella and its pilgrims
- Galician emigration

You will study:
- the use of conditional sentences
- positive and negative commands

GALICIA

Por su contraste con el resto de España como sinónimo de playas soleadas, cielos despejados y veranos interminables, Galicia se presenta al visitante como una sorpresa. Su topografía, con sus colores siempre verdes, sus aldeas dispersas, sus valles y montañas y su densa red de ríos parece tener más afinidad con Argentina o Escocia que con el resto de España.

Galicia con Irlanda, Gales y Bretaña, formaba en la Edad de Bronce una civilización de orígenes étnicos comunes. A su llegada, los celtas fundaron los castros, fortificaciones en lo alto de los montes, que los defendieron de invasiones por siglos, pero que no pudieron evitar que más tarde Galicia cayera en manos de los romanos.

Galicia es la España atlántica por excelencia, la Iberia húmeda, de lluvias abundantes y nieblas constantes. Es la región de las rías, los estuarios de los ríos gallegos donde el mar penetra formando largos y profundos brazos en

---

¿Sabía Ud. que ...?

- *Los Celtas colonizaron Galicia hace unos tres mil años y su influencia en esta región es muy marcada. Por ejemplo, en Galicia se toca más la gaita que la guitarra.*
- *Los gallegos comparten con los escoceses e irlandeses el amor a la música, y con los bretones y galeses la inspiración por la poesía.*
- *El gallego no es un idioma celta. Es una lengua derivada del latín que al oído extranjero parece una mezcla de portugués y español.*

los cuales abundan ramificaciones, promontorios, playas, cavernas, vegetación en una sinfonía única de colores y formas, y que proporcionan excelentes condiciones para la pesca y el establecimiento de buenos puertos. Es la primera región pesquera española y una de las más grandes y activas de Europa; es también un centro ganadero, y sus industrias conservera y de la construcción naval son todavía importantes para la economía local.

Galicia es una región de puertos tan importantes como Vigo y La Coruña, de ciudades tan modernas como Lugo y Orense o de tanto sabor antiguo como Santiago.

Galicia es la tierra de emigrantes, de hombres y mujeres que decidieron buscar su suerte en el Nuevo Mundo o en otras partes de España y Europa, y que han hecho famosa la morriña o añoranza del suelo natal; es la región de la soledad y la melancolía, de las pocas palabras y las frases ambiguas, pero también del humor, de los cuentos irónicos, de las interminables y ruidosas fiestas, de las pintorescas romerías, de las ferias. Es la región de las gaitas y de la música nostálgica y evocativa.

Galicia es en resumen una tierra de contrastes en el finisterre o fin del mundo civilizado de otros tiempos.

VOCABULARY

soleadas	sun-bathed
despejados	cloudless
aldea, f.	village
red, f.	network
alto (lo)	the top (of mountains)
niebla, f.	fog
ría, f.	estuary
promontorio, m.	promontory, hill
caverna, f.	cave
pesca, f.	fishing
pesquera	fishing (region)
industria conservera, f.	the canning industry
añoranza, f.	evocation, nostalgia
suelo natal, m.	birthplace

cuento, m.	story
pintorescas	picturesque, colourful
romería, f.	pilgrimage, journey
gaita, f.	wind pipe

SANTIAGO DE COMPOSTELA

La capital gallega debe en parte su nombre al apóstol Santiago el Mayor, quien – según la tradición – introdujo el Cristianismo en España. Se cree que un ermitaño descubrió su tumba en la bahía de Padrón en Galicia, alrededor del año 813. Otra tradición dice que el cuerpo del apóstol fue traído a España en el siglo I. El nombre Compostela parece derivarse o del latín 'compost terra' (cementerio), o del español 'campo de la estrella', pues según la leyenda, el ermitaño que encontró el sepulcro fue guiado por una estrella.

El culto al apóstol Santiago parece haber sido decisivo en la lucha contra los moros. Mientras los musulmanes tenían como reliquia en Córdoba el brazo de Mahoma para animar a sus guerreros en las batallas, los cristianos adoptaron al apóstol Santiago como santo patrono de España. En el año 844 los moros fueron derrotados en la batalla de Clavijo y la tumba de Santiago se convirtió en el lugar más visitado de toda España; de entonces datan las conocidas peregrinaciones a lo largo de la Ruta de Santiago.

Santiago de Compostela hoy día es una ciudad moderna y pujante, que ofrece, además del aspecto religioso, muchas atracciones al visitante. Su importancia en la formación de Europa le ha merecido en los últimos años distinciones internacionales como el haber sido declarada Patrimonio de la Humanidad y el reconocimiento del Camino de Santiago como primer itinerario cultural europeo.

5

VOCABULARY

gallega	Galician
ermitaño, m.	hermit
tumba, f.	tomb
bahía, f.	bay
sepulcro, m.	tomb, sepulchre
fue guiado (guiar)	was guided
hallazgo, m.	finding
moro, m.	moor
musulmán, m.	Muslim
animar	to urge on
guerrero, m.	warrior
derrotados (derrotar)	defeated
datan (datar)	date
peregrinación, f.	pilgrimage

5

Exercise 32

State whether each of the following statements is true (**verdadero**) or false (**falso**):

1 Galicia es una región de costas muy soleadas.

2 La principal industria gallega es la pesca.

3 El idioma gallego es la mejor evidencia de la presencia de la cultura celta en Galicia.

4 El humor gallego es conocido en toda España.

5 El nombre de Santiago fue usado por las tropas cristianas para reforzar su moral en la batalla.

6 El éxito de la lucha contra los moros y el prestigio de Santiago sirvieron para atraer a muchos peregrinos a Santiago a partir del siglo X.

7 La construcción naval es una industria tradicional gallega.

8 La Coruña y Orense son dos puertos gallegos muy modernos.

9 Finisterre es una región de Galicia.

10 Es un hecho histórico que Santiago introdujo el Cristianismo en España.

EL CAMINO DE SANTIAGO

A partir del siglo IX ocurrieron supuestas apariciones del apóstol Santiago, que a lo mejor eran ingeniadas con el fin de animar a los cristianos en la lucha contra los moros. Pronto Santiago de Compostela se convirtió en un centro de peregrinación que competía en popularidad con Jerusalén y Roma. Los peregrinos venían desde puntos muy lejanos de Europa y seguían la ruta que los llevaba desde los Pirineos hasta Galicia.

El Camino de Santiago, también conocido como la Ruta Jacobea, se iniciaba en Francia y penetraba por Roncesvalles o por Somport y pasaba por ciudades como Pamplona, Logroño, Burgos y León; a lo largo del camino se construyeron iglesias, santuarios, hospederías, hospitales y puentes para los peregrinos. Para el siglo XII el francés Aymeric Picaud ya había escrito un manual en el que se indicaba el itinerario, las costumbres de los sitios por donde pasaban, dónde hospedarse, qué comer y beber, e incluso un pequeño libro de frases.

Con el tiempo la Ruta Jacobea se convirtió en la vía por la que llegaron a España el arte, la literatura, la ciencia y las costumbres europeas de la época. La convivencia de los visitantes con los habitantes locales también fomentó la diseminación de las costumbres y la lengua españolas por el resto de Europa. La peregrinación se convirtió también en un medio de acelerar el tiempo de las condenas: si un reo completaba la ruta se le conmutaba la sentencia.

Los peregrinos franceses iniciaban su camino en la Torre de Saint Jacques en París, cruzaban los Pirineos y se unían a la ruta que los llevaba, después de setecientos kilómetros de camino arduo, al Pórtico de la Gloria, en la Catedral de Santiago.

Otros caminos traían a los peregrinos del sur, por Orense y Pontevedra; los peregrinos Portugueses venían por Tui, y los ingleses por La Coruña. Hoy día hay muchos otros caminos y aunque no todos sean de peregrinación, se puede decir que todos los caminos conducen a Santiago.

El emblema de los peregrinos era una concha, tal vez

5

por su abundancia en las playas de Padrón. Entre los peregrinos compostelanos se cuentan El Cid, Luis VII de Francia, San Francisco de Asís, Jaime III de Escocia e Inglaterra y los Papas Juan XXIII y Juan Pablo II.

VOCABULARY

supuestas	alleged
aparición, f.	appearance
a lo mejor	perhaps
ingeniadas	made up, contrived
con el fin de	in order to
se convirtió	became
(convertirse)	
hospedería, f.	hostel, inn
hospedarse	to lodge, to stay
incluso	including
fomentó (fomentar)	promoted
(fomentar)	
condena, f.	sentence
reo, m.	prisoner
arduo	hard, exhausting
se cuentan (contar)	figure
concha, f.	shell

Exercise 33

Rewrite these sentences, replacing the words underlined with an appropriate expression from the list provided and changing the form of other words, if necessary.

guía, delincuentes, inventaron, incluyen, rivalizaba, atraviesa, conducía, difusión, regiones, símbolo

1 Desde el siglo IX, se <u>ingeniaron</u> apariciones de Santiago.
2 Santiago de Compostela <u>competía</u> <u>en</u> <u>popularidad</u> con Roma y Jerusalén.

3 Los peregrinos procedían de <u>puntos</u> muy lejanos de Europa.

4 La Ruta Jacobea <u>pasa</u> por las provincias de Navarra, Logroño y León, entre otras.

5 Aymeric Picaud escribió un <u>manual</u> turístico.

6 Después de setecientos kilómetros, el camino <u>llevaba</u> a los peregrinos a la catedral de Santiago.

7 Las peregrinaciones ayudaron a la <u>diseminación</u> de la cultura europea.

8 Como peregrinos, los <u>reos</u> podían acortar su sentencia.

9 El <u>emblema</u> de los Jacobitas era una concha.

10 Entre los peregrinos se <u>cuentan</u> personajes famosos.

LA CATEDRAL DE SANTIAGO

5

Los compostelanos dicen que gozan solamente de unos treinta días soleados por año, y la primera impresión que se le ofrece al visitante es la de una ciudad gris y melancólica – la más lluviosa de España.

La catedral, sin embargo, es otra cosa. Erigida sobre la presunta tumba de Santiago, su construcción se inició en 1075. Los peregrinos deben haberse maravillado del Pórtico de la Gloria construido por el maestro Mateo en el siglo XII, el cual narra en esculturas la historia cristiana desde la creación del mundo hasta el juicio final. Para fumigar la iglesia había un incensario que purificaba el ambiente mientras los peregrinos entraban y salían por sus 14 puertas. A partir del siglo XIV, cada vez que el día de Santiago (el 25 de julio) cae en un domingo, se denomina Año Santo y se celebra con gran pompa. Para la ocasión se abre la Puerta Santa (detrás del altar) y un sistema complicado de poleas y cuerdas facilita el balanceo de un incensario enorme, hecho de plata, maniobrado por cinco o seis hombres. El humo del incensario proyecta un arco de más de cincuenta metros y en el recinto retumba el sonido de las gaitas gallegas.

VOCABULARY	
gozan (gozar)	to enjoy
incensario, m.	incense burner
ambiente, m.	ambience, atmosphere
polea, f.	pulley
cuerda, f.	rope
humo, m.	smoke
recinto, m.	place
retumba (retumbar)	reverberates, echoes

Exercise 34

Complete each of the following statements with the appropriate word or words:

apariciones, esculturas, Santiago, peregrinos, humo, Compostela, purifica, domingo, gaitas gallegas, catedral

1 Según la tradición, … está enterrado en la ciudad que lleva su nombre.

2 … podría tener su origen en la palabra latina que significa 'cementerio'.

3 Las … de Santiago fueron aprovechadas por los cristianos para reforzar la moral de sus tropas.

4 El prestigio del santo patrón de España sirvió para atraer a muchos … a Santiago a partir del siglo X.

5 La construcción de la … se empezó a principios del siglo XI.

6 El Pórtico de la Gloria contiene … que narran la historia cristiana.

7 La catedral se … con incienso.

8 El Año Santo Compostelano se celebra cuando el 25 de Julio cae en … .

9 Las … proveen la música durante las celebraciones.

10 El … del incensario se eleva y llena la iglesia de un olor reverente.

GALICIA, TIERRA DE EMIGRANTES

Desde el siglo XVI Galicia ha experimentado un éxodo constante de su población hacia otras partes de la Península, especialmente Castilla, Andalucía y Portugal. En el siglo XVII Lisboa se conocía como 'la ciudad gallega' por el elevado número de emigrantes gallegos entre sus habitantes.

En el siglo XVII empezó la emigración hacia América del Sur, la cual alcanzó su mayor auge en la segunda parte del siglo XIX. Para los gallegos, el Nuevo Mundo, especialmente Argentina, Uruguay y Cuba, era la Tierra Prometida. El éxodo hacia estos países continuó hasta después de la Segunda Guerra Mundial.

En la década de 1950, la emigración gallega se concentró en otros países europeos, especialmente Suiza, Alemania, Suecia y el Reino Unido. Aunque desde 1974 la emigración ha disminuido marcadamente, aún se nota el deseo de buscar un mejor nivel de vida en otras partes del mundo.

¿Por qué emigran los gallegos? La escasa industrialización y la desigual distribución de la tierra hasta hace unas décadas, junto con el crecimiento de la población gallega, los empujaron a buscar trabajo y mejor nivel de vida en otras partes de España, Europa y América del Sur. Aunque la situación laboral y económica ha mejorado mucho en los últimos años, los gallegos no han perdido su deseo de aventura, de conocer otras regiones y culturas, de tratar de hacer su vida lejos de su querida Galicia.

5

VOCABULARY

ha experimentado (experimentar)	has experienced
elevado	high
auge, m.	peak
Tierra Prometida, f.	the Promised Land
marcadamente	considerably
deseo, m.	wish
escasa	scarce
desigual	unequal
crecimiento, m.	growth

11 CONDITIONAL SENTENCES

Conditional sentences with **si** can be constructed with the indicative or the subjunctive depending on whether or not there is doubt about the fulfilment of the condition.

Si vienes te invito a la playa. (Open condition)
Si vienes te invitaré a la playa. (Open condition)

They both translate 'If you come I will invite you to the beach' and in both cases it is likely that the condition will be fulfilled.

Si vinieras te invitaría a la playa.
  (Hypothetical condition)
If you came I would invite you to the beach.
Si hubieras venido te habría invitado a la playa.
  (Impossible condition)
If you had come I would have invited you to the beach.

In the last two examples the assumption is that the condition is unlikely to be or wasn't fulfilled. Not all conditional sentences referring to past actions are impossible. Some may have been possible and in this case **si** takes on the additional meaning of 'when.'

Si los reos completaban la ruta podían reducir su sentencia.
If the criminals followed the route they could reduce their sentence.

Remember that the imperfect subjunctive derives from the stem of the third person plural of the preterite and ends in **-se** (**comprase, comiese, viniese**) or **-ra** (**comprara, comiera, viniera**). The former is preferred in Spain and the latter in Latin America.

N.B. **Si** in indirect questions: **si** does not always introduce a conditional clause. Like its counterpart in English, 'if', it can introduce an indirect question. In such

5

cases **si** can always be translated as 'whether':

No sé si voy al trabajo hoy.
I don't know whether I'll go to work today.

In indirect questions **si** may be followed by future or conditional tenses:

No sé si iré a Vigo en mayo.
I don't know if I'll go to Vigo in May.

Miguel quería saber si yo iría con él.
Miguel wanted to know if I'd go with him.

Exercise 35

Put the infinitives in brackets into their correct verb form:

1 Si (llover), pasábamos las tardes jugando a las cartas.
2 Se lo (dar) a mi padre si lo vuelvo a ver.
3 Si (ser) verdad lo que dice, yo no le prestaría más dinero.
4 Si mis padres (venir) ayer, podríamos haber hablado con ellos.
5 Eso no te habría pasado, si (tener) más cuidado.
6 Sería más simpática si (ser) un poco menos tímida y (vestirse) mejor.
7 Si te casaras con Ana, su madre (ponerse) muy contenta.
8 No me habría dejado engañar así, aunque me (ofrecer) el mundo.
9 Si apruebas el examen yo (quedar) satisfecha.
10 Si tú (llegar) a tiempo, no habría tenido que ir a la policía.

5

Exercise 36

Translate the following sentences into Spanish:

1 I don't know whether this is true.

2 We would not have worried, if we had known all was well.

3 If he were right, we'd have to accept his idea.

4 If she had gone into the house, she would have seen him.

5 If I tried harder, I might be more successful.

6 If I had not drunk so much last night, I wouldn't have a headache.

7 Come to supper on Saturday evening, if you want.

8 If she likes it, she can keep it.

9 Don't open the door if Julia calls.

10 If they had not come early, we would not have seen them.

5

12 DIRECT COMMANDS

To give a positive command in Spanish, there are four forms of the verb to choose from, one for each of the second person pronouns: **tú, usted, vosotros/vosotras**, and **ustedes**. In Latin America **ustedes** is used for both polite and familiar plural forms. **Vosotros/vosotras** is not used. So, when speaking familiarly to one or more listeners, the command forms are as follows:

	tú	vosotros/as
hablar	habla	hablad
comer	come	comed
vivir	vive	vivid

The imperative with **tú** is formed by dropping the final **-s** from the second person singular of the present indicative, with the following exceptions:

tener	ten	venir	ven
poner	pon	ir	ve

decir	di	hacer	haz
salir	sal	ser	sé

Radical changing verbs keep their root changes:

contar	=> cuenta	mover	=> mueve
cerrar	=> cierra	perder	=> pierde
pedir	=> pide	mentir	=> miente

The imperative with **vosotros/vosotras** is perfectly regular in its formation: the final **-r** of the infinitive is changed to a **-d**, as in the following examples:

contar	=> contad	decir	=> decid
hacer	=> haced	venir	=> venid

The reflexive verbs lose the **-d** and add **-os**:

vestirse => **vestíos**	**casarse** => **casaos**

In Spain, the **-d** in non-reflexive verbs is changed to an **-r** and an **r** also is inserted before the **-os** in the reflexives:

contad	=> contar	decid	=> decir
haced	=> hacer	venid	=> venir
vestíos	=> vestiros	casaos	=> casaros

In the other command forms, the polite **usted** and **ustedes**, **-ar** ending verbs take the ending in **-e**, whilst **-er** and **-ir** ending verbs take the ending in **-a**:

	Ud.	Uds.
hablar	hable	hablen
comer	coma	coman
vivir	viva	vivan
tener	tenga	tengan
decir	diga	digan
venir	venga	vengan
salir	salga	salgan

To summarise the forms for the imperative:

Infinitive	Tú	Ud.	Vosotros/as	Uds.
llamar	llama	llame	llamad/llamar	llamen
comer	come	coma	comed/comer	coman
abrir	abre	abra	abrid/abrir	abran
vestirse	vístete	vístase	vestíos/vestiros	vístanse

Remember that object pronouns are tacked on to the end of affirmative imperatives. For example:

díme	tell me
démelo	give it to me
escríbeselo	write it for him / her
vístete	get dressed

In negative commands the present subjunctive is used for all persons. For example:

Tú	Ud.	Vosotros.	Uds.
no digas	**no diga**	**no digáis**	**no digan**
no escribas	**no escriba**	**no escribáis**	**no escriban**
no seas	**no sea**	**no seáis**	**no sean**
no pongas	**no ponga**	**no pongáis**	**no pongan**

In this case object pronouns are not tacked on to the end of the verb, but precede it. For example:

no me digas	don't tell me
no me lo des	don't give it to me
no se lo escribas	don't write it for him/her
no te vistas	don't get dressed

Exercise 37

Give the correct forms of the imperative (the forms corresponding to 'Tú', 'Ud.', 'Vosotros/as' and 'Ustedes') for the following verbs:

escribir, meter, trabajar, correr, peinarse, bañarse

Exercise 38

Turn these requests into direct commands as in:

¿Quieres entrar?   => Entra
¿Por qué no sale Ud.? => Salga

1 ¿Quiere ayudarnos?
2 ¿Os queréis ir?
3 ¿Por qué no te casas?
4 ¿Queréis venir?
5 ¿Por qué no lo compra Ud?
6 ¿Quieres decírmelo?
7 ¿Por qué no venís esta tarde?
8 ¿Quieren llamarme a las diez?
9 ¿Por qué no lo olvidáis?
10 ¿Quieren comer algo?

Exercise 39

Now turn your answers in the last exercise from positive commands to negative ones. For example.

Entra => No entres   Salga => No salga (Ud.)

5

LISTENING PRACTICE

La gastronomía gallega

Los principales atractivos de la gastronomía gallega son su variedad (hasta el punto que es difícil decir cuál es el plato típico de la región) y la forma familiar, artesanal y pausada de cocinar. Un mismo plato se prepara de muchas maneras y en cada lugar tienen un sabor distinto. Se puede decir que la cocina gallega es una cocina clásica porque alcanza el pináculo de su belleza con ingredientes sencillos, naturalmente combinados.
El lacón con grelos es una de las comidas más típicas

durante el invierno. Otro plato común es el cocido gallego, compuesto de jamón, carne de vaca y gallina, chorizo, grelos o repollo, patatas y garbanzos. Durante la época de Navidad, una de las carnes más saboreadas es el capón, cebado meticulosamente para la ocasión.

Las empanadas gallegas merecen mención especial. Se caracterizan por la suavidad del pan, hecho con azafrán, aceite, pimiento y cebollas, y la variedad del relleno, en el que se puede poner todo.

Los ingredientes que más se asocian con la comida gallega son el pescado y los mariscos. Entre los primeros los más sabrosos son los que se pescan en las rías o en las proximidades de la costa: merluza, rodaballo, lubina, mero y lenguado, que se preparan a la plancha, a la gallega o en 'caldeira'. Entre los peces de río sobresalen las truchas, los salmones, las angulas, las anguilas y los sábalos.

Entre los mariscos vale la pena mencionar los camarones, los calamares y los chocos, y el delicioso percebe, en el que se concentran todos los sabores del mar. Finas almejas, deliciosas ostras, centollas, langostas, langostinos y mejillones, se usan en la preparación de una vasta variedad de platos y salsas. Entre los mariscos sobresale el pulpo, consumido todos los meses del año y preparado en miles de formas, siendo la más común el pulpo *a la feira*, que se adoba con pimentón y sal y se rocía con aceite crudo.

Finalmente, no se puede hablar de la comida gallega sin mencionar los deliciosos y aromáticos quesos frescos y la exquisita repostería gallega.

5

VOCABULARY

sabor, m.	flavour	**cebado**	fattened
lacón, m.	shoulder of pork	**empanada, f.**	pasty
		suavidad, f.	smoothness
grelo, m.	parsnip / turnip tops	**pan, m.**	pastry
		azafrán, m.	saffron
repollo, m.	cabbage	**pimiento, m.**	peppers
garbanzos, m.	chickpeas	**cebolla, f.**	onion

relleno, m.	filling	percebe, m.	barnacle
marisco, m.	seafood	almeja, f.	cockle
merluza, f.	hake	ostra, f.	oyster
rodaballo, m.	turbot	centolla, f.	spider crab
lubina, f.	sea bass	langosta, f.	lobster
mero, m.	grouper	langostino, m.	king prawn
lenguado, m.	sole	mejillón, m.	mussel
plancha (a la)	grilled	sobresale	stands out
gallega (a la)	Galician style	(sobresalir)	
caldeira (en)	stewed	pulpo, m.	octopus
	(in a pot)	consumido	eaten
trucha, f.	trout	(consumir)	
angula, f.	baby eel	feira (a la)	fair style
anguila, f.	eel	se adoba	is seasoned
sábalo, m.	shad	(adobar)	
camarón, m.	prawn	se rocía (rociar)	sprinkled
calamar, m.	squid	repostería, f.	confectionery
choco, m.	cuttlefish		

5

Exercise 40

Answer the following questions in Spanish:

1 ¿Por qué es difícil saber cuál es el plato gallego típico?

2 ¿Qué ingredientes se ponen en el cocido gallego?

3 ¿Cuándo se come el capón?

4 ¿Qué hace famosas a las empanadas gallegas?

5 ¿Cuáles son los ingredientes por excelencia de la comida gallega?

6 ¿Cuáles peces de agua dulce puede mencionar?

7 ¿En cuál pez se concentran todos los sabores del mar?

8 ¿Qué plato se prepara con pimiento, sal y aceite?

9 ¿En qué consiste el relleno de las empanadas gallegas?

10 ¿Qué plato se consume durante el invierno?

Lesson 6

You will read about:
- Mexico
- the Mayan city of Palenque
- Mexican music and the rodeo

You will study:
- ordinal numbers, distances and measurements
- superlatives of adjectives
- expressions using 'fácil', 'difícil', 'posible', 'imposible'
- uses of 'tal', 'tan' and 'tanto'

MÉXICO

México, junto con los Estados Unidos y Canadá, hace parte del subcontinente norteamericano. Tiene una superficie de 1.958.201 kilómetros cuadrados y un litoral de más de 10.000 kilómetros sobre los océanos Pacífico y Atlántico.

México comparte con su vecino del norte, los Estados Unidos, una frontera de más de 3.000 kilómetros y la influencia que éste ejerce en la vida mexicana se nota en muchos aspectos, incluso el nombre oficial del país, Estados Unidos de México. México es el segundo país más extenso de Hispanoamérica y, con cerca de 90 millones de habitantes (1995), el más poblado de todos.

México es un país muy montañoso. Tiene varios sistemas de montañas: la Sierra Madre Oriental, la Sierra Madre Occidental y la Sierra Madre del Sur. Con excepción de las áreas

¿Sabía Ud. que ...?

- Gran parte del sur de los Estados Unidos le perteneció originalmente a la corona española y fue heredada por México después de su independencia de España. California, Nuevo México, Arizona y Texas fueron provincias mexicanas hasta mediados del siglo XIX.

- Se piensa que la palabra México viene de Mexitli, el dios azteca de la guerra. Otros creen que viene de 'Meji' o 'Mexi', nombre de una tribu y 'co', 'lugar' o 'país' en el idioma local.

desérticas del norte y de los llanos de Yucatán, hay
montañas en todas partes de México y desde todas las
ciudades de la región central se pueden ver volcanes. En
la provincia de Michoacán hay más de ochenta. El Pico
de Orizaba, el Popocatépetl (la montaña humeante) y el
Ixtacíhuatl (la dama durmiente) son la tercera, la quinta y
la séptima montañas más altas de Norteamérica. El
Orizaba tiene 5.700 metros de altura.

México es un país enorme y de muchos contrastes:
selva tropical impenetrable en el sur y áridos desiertos en
el norte; modernos centros industriales de alta tecnología
y agricultura rudimentaria; un sistema de gobierno
democrático y un solo partido político. La gente, las
costumbres, la arquitectura, la historia, las lenguas ...
todo en México es genuinamente mexicano. Como dicen
los mismos mexicanos '¡Como México no hay dos!'

VOCABULARY

junto con	together with
hace parte de	is part of
litoral, m.	shoreline
comparte con (compartir)	shares with
ejerce (ejercer)	to exert, to have
se nota (notar)	can be seen
incluso	including
extenso	vast
montañoso	mountainous
sistema de montañas, m.	mountain range
sierra, f.	mountain range
se pueden ver (poder ver)	can be seen
montaña humeante, f.	the smoking mountain
dama durmiente, f.	the sleeping lady
selva tropical, f.	rain forest
genuinamente mexicano	genuinely Mexican
los mismos mexicanos, m.	the Mexicans themselves
¡Como México no hay dos!	There is nowhere like Mexico

Exercise 41

Answer the following questions in Spanish:

1 ¿Cuáles son los principales sistemas montañosos de México?
2 ¿Qué significa Popocatépetl?
3 ¿Cual es un ejemplo de la influencia de los Estados Unidos en México?
4 ¿Por qué se dice que 'como México no hay dos'?
5 ¿Qué significa Mexitli?
6 ¿Cuándo perdió México gran parte de su territorio?
7 ¿Qué país europeo conquistó a México?
8 ¿Cuáles son las únicas áreas de México donde no hay montañas?

6 PALENQUE

Se dice que en México hay 10.000 ruinas de ciudades y monumentos de muchos pueblos, entre los cuales se destacan los mayas, los aztecas, los toltecas y los olmecas. Tales civilizaciones construyeron ciudades como Teotihuacán, Palenque y Chichén Itzá, que se han convertido en sitios famosos de gran valor histórico y que se comparan bien con la arquitectura de las grandes civilizaciones europeas.

A más de mil quinientos kilómetros al sur de la capital, se encuentra la ciudad de Palenque, en la provincia de Chiapas, uno de los centros arqueológicos mayas más importantes.

Palenque fue una gran ciudad de una extensión de doce kilómetros cuadrados y de construcciones arquitectónicas muy refinadas. Palenque permaneció escondida hasta el siglo XVIII y se calcula que las ruinas encontradas datan de los siglos VII y VIII. Se creía antes que, a diferencia de las pirámides egipcias, las de México y Centro América no se usaban como tumbas, pero en 1949 el arqueólogo Alberto Ruz hizo un hallazgo espectacular: tras cuatro años de excavaciones en el Templo de las Inscripciones, encontró la tumba del gobernante más importante de Palenque. No se ha encontrado ninguna otra pirámide maya construida especialmente con este fin. Nadie sabe por qué los mayas abandonaron la ciudad ni por qué razón desapareció una civilización tan avanzada.

Los mayas y los aztecas empleaban el chocolate en sus comidas y bebidas, y también usaban los granos de cacao como dinero. Todavía se usa para preparar el mole, o salsa de chile y chocolate. Otras palabras de origen azteca son tomate, maíz y chile. El maíz es la base de la dieta mexicana. Hay más de cuatro mil especies de este cereal en México. ¡Qué variedad! El maíz se usa principalmente para preparar tortillas. La tortilla es la base de más de cien platos diferentes. El tequila es la bebida nacional de México y se extrae del maguey. Se toma con una pizca de sal y un trocito de limón. Tal bebida es la base del coctel margarita. Los indios también usaban el maguey para hacer hilo y papel.

6

VOCABULARY

pueblo, m.	civilisation
destacan (destacarse)	stand out
se encuentra (encontrarse)	is found
permaneció (permanecer)	remained
escondida	hidden
a diferencia de	unlike
se usaban (usar)	were used
tumba, f.	tomb, grave
hallazgo, m.	find, discovery
tras	after, behind
gobernante, m.	governor
comida, f.	food
bebida, f.	drink
grano, m.	bean
cacao, m.	cocoa
mole, m.	spicy chocolate sauce
tortilla, f.	maize pancake
pizca de sal, f.	a pinch of salt
hilo, m.	fibre, cotton

Exercise 42

Rewrite these sentences, replacing the words underlined with an appropriate expression from the list provided and changing the form of other words, if necessary.

sepulcros, se extinguió, variedades, como alimento, saca, fina, alimentación, culturas, vestigios

1 En México hay ruinas de muchos <u>pueblos</u>.
2 Palenque da muestras de una arquitectura muy <u>refinada</u>.
3 Las <u>ruinas</u> de Palenque datan de los siglos VII y VIII.
4 Las pirámides mayas se usaban como <u>tumbas</u>.
5 No se sabe por qué la civilización maya <u>desapareció</u>.
6 Los mayas y los aztecas usaban el cacao <u>en comidas</u> y <u>bebidas.</u>
7 El maíz es la base de la <u>dieta</u> mexicana.
8 En México hay mas de cuatro mil <u>especies</u> de maíz.
9 El tequila se <u>extrae</u> del maguey.

LOS MARIACHIS Y EL RODEO

Muy pocos países en el mundo se enorgullecen de tener tantos estilos diferentes de música y baile. Los indios precolombinos usaban instrumentos de viento y percusión y el baile desempeñaba un papel muy importante en su vida social y religiosa. Los españoles contribuyeron instrumentos de cuerda y los franceses agregaron los violines y las trompetas.

En la región de Guadalajara, esta combinación de instrumentos produjo entre otros los mariachis de Jalisco – el sonido mexicano de fama internacional. Su nombre viene de la palabra francesa *marriage* porque siempre tocaban en las bodas. Es imposible visitar México sin escuchar esta típica música.

Otro espectáculo muy popular en México es el rodeo, el cual combina la sutileza de la equitación con la pasión por los toros. Los aficionados ven cómo sus preferidos

6

charros compiten en el manejo del caballo, tratan de
tumbar un toro cogiéndolo por el rabo o intentan
permanecer sentados sobre un potro cerril. El
espectáculo es muy animado y muy emocionante. En
tales ocasiones tampoco faltan los mariachis.

VOCABULARY

se enorgullecen	are proud
(enorgullecerse)	
baile, m.	dancing
instrumentos de viento	wind and percussion
y percusión, m.	instruments
desempeñaba un papel	played a role
(desempeñar)	
contribuyeron (contribuir)	contributed
instrumento de cuerda, m.	stringed instrument
agregaron (agregar)	added
sonido, m.	sound
palabra, f.	word
boda, f.	wedding
sutileza, f.	subtlety
equitación, f.	horsemanship
charro, m.	Mexican cowboy
manejo del caballo, m.	horse control
tumbar el toro	to 'throw' a bull
rabo, m.	tail
permanecer sentado	to remain seated
potro cerril, m.	bronco, wild horse
animado	lively, colourful
emocionante	exciting

6

Exercise 43

State whether each of the following statements is true (**verdadero**) or false (**falso**):

1 Los indios precolombinos tocaban instrumentos de cuerda.

2 Los españoles llevaron instrumentos de viento al Nuevo Mundo.

3 Los mariachis se originaron en Guadalajara.

4 Un charro es un vaquero mexicano.

5 Los mariachis son una orquesta famosa en Jalisco.

6 Los mariachis sólo tocan en las bodas.

7 Un rodeo es una mezcla de equitación y de corrida de toros.

8 En los rodeos se trata de tumbar a los toros.

9 Los franceses contribuyeron la trompeta y el violín a la música mariachi.

10 La música mariachi sólo se escucha en México.

13 ORDINAL NUMBERS

As the word 'ordinal' suggests, first, second, third are adjectives describing rank or consecutive order. In Spanish they are as follows:

1st	**primero/a**
2nd	**segundo/a**
3rd	**tercero/a**
4th	**cuarto/a**
5th	**quinto/a**
6th	**sexto/a**
7th	**séptimo/a**
8th	**octavo/a**
9th	**noveno/a**
10th	**décimo/a**

Note that **primero** and **tercero** drop their **-o** in front of a masculine noun:

mi primer disco	my first record
el tercer capítulo	the third chapter

But feminine forms are unaffected:

su primera mujer	his first wife

Ordinal numbers normally precede the noun, but they follow titles and centuries:

Carlos Quinto	Charles the Fifth
el siglo segundo	the second century

In written Spanish, Roman numerals tend to be used with monarchs and centuries:

Carlos V
el siglo II

Beyond 10th, cardinal numbers are normally used and these always follow the noun:

el piso doce	the twelfth floor
el siglo veinte	the twentieth century
Luis Catorce	Louis the Fourteenth

Ordinal numbers can also be used in the plural form:

los primeros días	the first days

Another way of expressing order or rank is by the use of the suffix **-avo/a** with numerals higher than ten:

onceavo/a	11th
veinteavo/a	20th
treintaicincoavo/a	35th
cientocincuentavo/a	150th
milquinientosavo/a	1500th

Exceptions to this rule are:

centésimo/a	100th
milésimo/a	1000th
diezmilésimo/a	10000th
cienmilésimo/a	100000th
millonésimo/a	1000000th

This ending, however, is mostly used to refer to fractions above a tenth, as in the following examples:

un onceavo	1/11
cinco dieciseisavos	5/16
seis ochentavos	6/80
siete cientoquinceavos	7/115
veintiún	
doscientoscincuentavos	21/250

Note the following fractions:

un medio	1/2
un tercio	1/3

14 SUPERLATIVE OF ADJECTIVES

To describe a person or object as the 'best', 'biggest', 'most beautiful', etc., Spanish uses the definite article with **más** + adjective + **de**:

el segundo país más grande de Hispanoamérica
the second largest country in Spanish America
la mujer más linda del pueblo
the prettiest girl in town
el coche más veloz de la carrera
the fastest car in the race

Note that the only difference between the comparative and the superlative in Spanish is the presence of the definite article in front of the noun: **más grande** alone means 'bigger', but **la casa más grande** means 'the biggest house'.

The addition of an ordinal indicates its rank order:

la tercera montaña más alta de Norteamérica
the third highest mountain in North America
la cuarta ciudad más poblada del mundo
the fourth most populated city in the world

Note the irregular superlatives **mejor** (best) and **peor** (worst), and **mayor** (largest) and **menor** (smallest), precede the noun. However, **mayor** and **menor** can also mean 'eldest' and 'youngest', in which case they follow the noun. Both pairs can use the possessive adjective in place of the definite article, and keep their superlative meaning:

mi mejor amigo	my best friend
su hermano mayor	his elder/eldest brother

Note also the following phrases:

La mayoría de sus colegas piensan igual.
Most of his colleagues think likewise.
Perdió la mayor parte del dinero en el casino.
He lost most of the money in the casino.
¿Quién tiene más amigos?
Who has the most friends?

15 DISTANCES AND MEASUREMENTS

Note how Spanish expresses distance from a place by using the preposition **a**:

a más de 1.500 kilómetros al sur de la capital
more than 1500 km south of the capital
Vivimos a unos treinta kilómetros de Veracruz.
We live about thirty kilometres from Veracruz.

¿A qué distancia estamos de Oaxaca?
How far are we from Oaxaca?

Measurements are stated by using **tener tantos metros de largo, de alto, de ancho** (to be so many metres long, high, wide):

¿Cuántos metros de alto tiene el Popocatépetl?
How high is Mount Popocatépetl?
El Popocatépetl tiene unos cinco mil cuatrocientos metros de alto.
Mount Popocatépetl is about 5400 metres high.

¿Cuántos kilómetros de largo tiene la frontera?
How long is the border?
La frontera tiene más de tres mil kilómetros de largo.
The border is more than 3000 kilometres long.

Another way of referring to measurement is to use **altura, longitud** and **anchura**:

El Popocatépetl tiene una altura de más de cinco mil cuatrocientos metros.
or
El Popocatépetl tiene más de cinco mil cuatrocientos metros de altura.
Popocatepetl is over 5400 metres high.

La frontera tiene más de 3.000 km de longitud.
or
La frontera tiene una longitud de más de 3.000 km.
The border is over 3000 km long.

Los Andes tienen una anchura máxima de 200 km.
or
Los Andes tienen 200 km de anchura máxima.
The Andes have a maximum width of 200 km.

Exercise 44

Answer the following questions fully in Spanish:

1 How long (in km) is Mexico's border with the US?

2 How long (in km) is Mexico's coast line?

3 What is the height of Mount Orizaba?

4 What claims can be made about Mexico's area and population when compared with other Spanish-American countries?

Make statements in Spanish about the following:

5 Mexico City boasts the largest population in the world (over 20 million en 2002).

6 Mexico also has one of the finest archaeological-anthropological museums in the world – El Museo Nacional de Antropología. (Use 'mejor'.)

Exercise 45

Express the position of the four cities in terms of their distance and compass bearings from Mexico City. For example:

Saltillo está a setecientos kilómetros al norte del Distrito Federal.

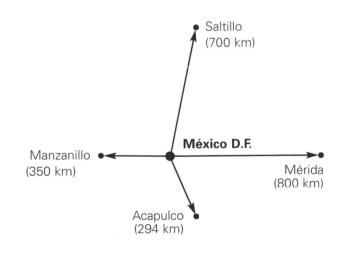

Saltillo (700 km)

México D.F.

Manzanillo (350 km)

Mérida (800 km)

Acapulco (294 km)

Exercise 46

Here are some geographical statistics about rivers, cities and mountains in the world. Make statements about the items marked with a star (*) using constructions such as **el ... más largo de**, etc:

Ríos:

El Nilo   6.670 km

El Amazonas   6.448 km*

El Mississippí   6.270 km

Montañas:

K2 8.661 m

Everest 8.863 m*

Kanchenjunga 8.598 m

Ciudades capitales:

Lhasa   a 3.684 m sobre el nivel del mar

La Paz   a 3.631 m sobre el nivel del mar

Bogotá   a 2.640 m sobre el nivel del mar*

16 FÁCIL, DIFÍCIL, POSIBLE, IMPOSIBLE

These adjectives are followed by infinitives when they precede the nouns they qualify:

No es fácil entender tu acento.
It is not easy to understand your accent.
Es imposible visitar México sin escuchar música mariachi.
Its impossible to visit Mexico and not listen to Mariachi music.

But when the sentence is reversed and these adjectives follow the qualified nouns, **de** precedes the infinitive:

Tu acento no es fácil de entender.
Your accent is not easy to understand.
El Popocatépetl es difícil de escalar.
Mount Popocatepetl is difficult to climb.

17 TAL, TAN, TANTO

As we have seen, 'such a' is translated by **tal** or, in the plural, **tales**:

tal tierra	such a land
tales hombres	such men

Tal is an adjective, agreeing with the noun it limits, but since it ends in a consonant, it has no feminine form distinct from the masculine.

In English 'such' and 'such a' are used in combination with an adjective – for example, 'such a mountainous land' or 'such tall men'. The Spanish equivalent, **tal**, cannot be used with an adjective. Instead, the adverb **tan** is used:

una tierra tan montañosa
hombres tan altos

Tan is unchangeable, since it is not an adjective but an adverb.

Tanto, tanta are adjectives meaning 'so much' (with uncountable nouns) and **tantos, tantas** mean 'so many':

tanto oro	so much gold
tantos estilos de música	so many types of music

18 ¡QUÉ VOLCÁN TAN / MÁS ALTO!

Used to express appreciation or criticism, **tan** and **más** are interchangeable. The adjective still needs to agree with the noun to which it refers:

¡Qué ideas más interesantes!
What interesting ideas!
¡Qué programa tan aburrido!
What a boring program!

Of course **¡Qué!** can be used on its own with a noun:

¡Qué hombre!   What a man!
¡Qué lástima!   What a pity!
¡Qué montañas!   What mountains!

Exercise 47

Make exclamations following the example:
chica guapa
¡Qué chica más/tan guapa!

1 ciudad limpia
2 canciones románticas
3 problema grande
4 coche lujoso
5 casas caras
6 ruinas antiguas
7 montaña alta
8 descubrimiento importante
9 comida variada
10 espectáculo interesante

Exercise 48

Rewrite the following sentences as shown in
the example:
Es imposible hacer esto. = Esto es imposible de hacer.

1 Es fácil preparar este plato.
2 Es difícil armar este rompecabezas.
3 Es imposible resolver este problema.
4 Es complicado reparar el coche.
5 No es fácil visitar Palenque.

Now do the reverse:

6 Ese cuadro no fue fácil de pintar.

7 El resultado será posible de predecir.

8 La novela clásica moderna es difícil de interpretar.

9 Tu letra [handwriting] es completamente imposible de entender.

10 Las inscripciones en las pirámides son difíciles de descifrar.

LISTENING PRACTICE

La conquista de México

6

¿Cómo pudo ser que solamente quinientos cincuenta soldados españoles con sólo dieciséis caballos, algunos perros y varios cañones pudieran haber derrotado a miles de guerreros aztecas en 1521? Hay dos posibles explicaciones: la codicia de los conquistadores y la ingenuidad de los aztecas. Los aztecas llevaban una vida sometida a las señales divinas y a los augurios de los horóscopos. Moctezuma, el gran emperador azteca, creía que Hernán Cortés era el dios Quetzacóatl, quien se había ido hacia el este en el año 987, con la promesa de volver en el año Ce Atl. Por una extraña coincidencia, entre 1517 y 1519 ocurrieron varios hechos que parecían indicar que algo muy importante iba a pasar: un cometa nuevo apareció en el oriente durante cuarenta días; un incendio destruyó las torres del templo Huitzilopochtli y un ejército azteca resulto diezmado en un terremoto. Para colmo de las desgracias, Cortés desembarcó en la costa oriental de México en 1519, ¡el año del presagiado regreso de Quetzacóatl!

Al llegar al valle de Anáhuac, Cortés vio por primera vez Tenochtitlán. Moctezuma salió a recibirlo acompañado de una gran muchedumbre entre quienes figuraba una mujer india llamada Malinche quien hablaba varias lenguas indígenas y podía servir de intérprete entre Cortés y el pueblo azteca. Moctezuma le obsequió a Cortés oro y piedras preciosas y lo invitó a vivir en su palacio. Inclusive le regaló el tesoro de su padre y mandó traer más oro y plata de otras partes de su reino. A pesar de su gran generosidad Moctezuma terminó como rehén de Cortés. La noche del 30 de junio de 1520, recordada por los españoles como la 'Noche Triste', los aztecas atacaron el palacio de Axayactl, donde se habían refugiado los españoles. Muchos de éstos murieron a manos de los aztecas o, según se dice, se ahogaron en el lago por el peso del oro que llevaban. Cortés logró escapar con sólo la mitad de sus soldados.

Otro factor decisivo en la conquista de México fue la colaboración que recibió Cortés de otros indios ya subyugados por los aztecas, los cuales querían aprovechar la oportunidad para vengarse de sus amos. Además los españoles supieron utilizar la pólvora y los caballos muy efectivamente para aterrorizar a los indios.

6

VOCABULARY

haber	to have	**incendio, m.**	a fire
derrotado	defeated	**ejército, m.**	army
guerrero, m.	warrior	**diezmado**	decimated
codicia, f.	greed	**terremoto, m.**	earthquake
ingenuidad, f.	naivety	**para colmo de**	to cap it all
sometida	subjected	**las desgracias**	
señal divina, f.	heavenly sign	**desembarcó (desembarcar)**	to land
augurio, m.	omen	**presagiado (presagiar)**	foretold
por una extraña	by a strange		
coincidencia	coincidence	**recibirlo**	to greet him
hecho, m.	event	**muchedumbre, f.**	crowd

servir de	to serve as	**mitad, f.**	half
intérprete	interpreter	**subyugados**	subjected,
le obsequió	gave him		conquered
(obsequiar)		**aprovechar**	to take
piedra	precious		advantage of
preciosa, f.	stone, jewel	**vengarse**	to take
mandó	ordered		revenge
(mandar)		**amo, m.**	master
a pesar de	in spite	**pólvora, f.**	gunpowder
rehén, m.	hostage	**aterrorizar**	to terrorise
se ahogaron	drowned		
(ahogarse)			

Exercise 49

Answer the following questions in Spanish:

1 What were the two most important reasons for the Spaniards' victory?
2 Why did Moctezuma believe Cortés was a god?
3 How did Moctezuma receive Cortés?
4 How did Moctezuma and Cortés communicate?
5 How did Cortés repay Moctezuma's generosity?
6 Why did the other indians prove helpful to Cortés?
7 What most frightened the indians?
8 Why did the Aztecs attack Cortés' army?
9 Who called the night of June 30th, 1520 'la Noche Triste' and why?
10 How did the Spanish soldiers die?

6

Lesson 7

You will read about:
- Cuba
- Central America – Guatemala, El Salvador, Honduras, Nicaragua, Costa Rica, and the Panama Canal

You will study:
- prepositional verbs
- use of the subjunctive after expressions of doubt, probability and possibility

CUBA

A menos de ciento cincuenta kilómetros de Miami se encuentra Cuba, la isla más grande de las Antillas, con una superficie de más de 110.800 kilómetros cuadrados y una población aproximada de diez millones de habitantes (2002). Fue descubierta por Cristóbal Colón en 1492 y fue allí donde los españoles encontraron el tabaco por primera vez. Hoy día Cuba produce el tabaco más cotizado del mundo. Cuba es conocida como 'la Perla de las Antillas' por la belleza de sus montañas, ríos, valles y playas.

Por su situación en el mar Caribe, Cuba goza de un clima muy agradable todo el año. Tiene una longitud de 1.225 km y sus costas se encuentran rodeadas de muchos cayos e islas, la principal de las cuales es la Isla de Pinos, también llamada la Isla de la Juventud porque es el sitio preferido por los jóvenes cubanos para sus vacaciones.

La cadena montañosa más alta es la Sierra Maestra y en el centro de la

---

¿Sabía Ud. que ...?

- Costa Rica no ha tenido ejército desde 1948 y sin embargo es el país más pacífico del área.

- El quetzal, pájaro de mucho colorido y belleza, es el símbolo nacional y el nombre de la moneda de Guatemala.

- El nombre de Cuba viene de la palabra Cubanacán, nombre dado al centro de la isla por los indios caribes que la habitaban a la llegada de Colón.

isla se encuentra la Sierra de Escambray. En estas áreas montañosas se cultiva el café; en las zonas llanas se cultiva la caña de azúcar. La época del corte y la molienda de la caña en los ingenios se llama la 'zafra' y a los meses de inactividad entre zafras se les llama 'tiempo muerto'. Por su situación estratégica, Cuba se convirtió en un centro importante para la exploración y colonización españolas, desde donde se organizaban y se abastecían expediciones hacia otras partes del nuevo continente. Hernán Cortés salió de Cuba a explorar y finalmente conquistar México, y también Hernando de Soto, quien exploró grandes áreas de Norteamérica y descubrió el río Mississippi.

El rey Felipe II nunca dudó que Cuba podría ser el blanco de los ataques ingleses y franceses, así que hizo construir el Castillo del Morro, en una colina a la estrecha entrada del puerto de la Habana. Esta fortificación protegió la isla hasta 1762, cuando cayó en manos de los ingleses. Esa ocupación sólo duró un año, pues al año siguiente los ingleses cambiaron Cuba por la Florida. El arribo de los ingleses a Cuba aumentó el comercio y la llegada de refugiados franceses de Haití a finales del siglo XIX ayudó a mejorar la producción agrícola.

Cuba fue la última colonia española en el continente americano, habiendo ganado su independencia en 1898. El gran poeta José Martí fue el héroe de la revolución cubana contra España y la inspiración de la Guerra de Independencia de 1895; tristemente, Martí murió antes de ver realizado su sueño. Martí nunca dudó que los estadounidenses ayudarían a los cubanos en su lucha por la independencia, pero se habría sorprendido al saber que sus aliados, a consecuencia de la guerra entre Estados Unidos y España en 1898, ocuparon militarmente la isla y se apoderaron del ochenta por ciento del territorio. Cuando decidieron salir de Cuba en 1902, los Estados Unidos se reservaron el derecho de establecer una base naval en la bahía de Guantánamo, que hasta la fecha sigue en su poder.

7

VOCABULARY

cotizado	valued, sought after
cayo, m.	key, islet
juventud, f.	youth
jóvenes, m.	young people
corte, m.	cutting, harvest
molienda, f.	milling (of sugar cane)
ingenio, m.	sugar cane mill
se les llama (llamar)	are called
se convirtió (convertirse)	became
se abastecían (abastecerse)	were supplied
blanco, m.	target
cayó en manos (caer)	fell into the hands
arribo, m.	arrival
llegada, f.	arrival
refugiado, m.	refugee
aliado, m.	ally
territorio, m.	land
se reservaron el derecho (reservarse)	reserved the right
poder, m.	possession

7

Feature

'GUANTANAMERA'

Una de las canciones más populares del habla hispana se titula 'Guantanamera', se basa en una colección de poesías del poeta y héroe nacional cubano José Martí:

Yo soy un hombre sincero
De donde crece la palma
Y antes de morirme quiero
Echar mis versos del alma.

Mi verso es de un verde claro
Y de un carmín encendido.
Mi verso es un ciervo herido
Que busca en el monte amparo.

> Por los pobres de la tierra
> Quiero yo mi suerte echar.
> Que el arroyo de la sierra
> Los complace más que el mar.

VOCABULARY

guantanamera, f.	(Goajiro indian) from Guantanamo
crece (crecer)	grows
palma, f.	palm tree
verso, m.	poem, poetry
alma, f.	soul, heart
carmín	bright red
ciervo, m.	deer
monte, m.	the mountains
amparo, m.	refuge
echar mi suerte	to throw in my lot (with the poor)
arroyo, m.	stream

_____ Exercise 50 _____

State whether each of the following statements is true (**verdadero**) or false (**falso**):

1 A Cuba se la conoce como la Perla de las Antillas.
2 La caña de azúcar se cultiva en las regiones bajas.
3 El castillo del Morro fue construido por los ingleses.
4 El deseo de Martí se cumplió durante su vida.
5 Los Estados Unidos todavía tienen una base naval en Cuba.
6 El tiempo muerto es cuando no se cosecha.
7 En 1763 los ingleses cambiaron a Cuba por la Florida.
8 El nombre de Cuba se deriva de una palabra caribe.
9 Cuba fue un centro estratégico para la exploración española.
10 'Guantanamera' fue compuesta por Martí.

CENTROAMÉRICA

Centroamérica es un caleidoscopio de paisajes y gentes, cada uno con sus características y atractivos propios. Los países de habla hispana en Centroamérica son: Guatemala, el Salvador, Honduras, Nicaragua, Costa Rica y Panamá. Colón pisó tierra centroamericana en su cuarto viaje cuando desembarcó en la costa de lo que hoy es Honduras.

En el siglo IX el imperio de los mayas, que ocupaba gran parte de la América Central, empezó a decaer. Es probable que esto se debiera a que los mayas empezaron a sufrir reveses a manos de otras tribus, como los toltecas, los pipiles y los misquitos. Cada tribu era independiente y vivía aislada en su propio territorio. A la llegada de los españoles es muy posible que la región ya estuviera dividida. Durante la colonia fue escenario de muchas rivalidades entre los conquistadores y cuando éstos se dieron cuenta de que no iban a encontrar los tesoros de México y Perú se dirigieron a otras áreas, lo cual ocasionó que la región nunca se colonizara de forma sistemática.

En 1821, después de la proclamación de la independencia mexicana, las Provincias Unidas de Centro de América declararon su independencia, pero las rivalidades y ambiciones locales condujeron a la guerra civil que puso fin a este intento de unión. Desde entonces, los países centroamericanos han estado divididos y dominados por los Estados Unidos.

VOCABULARY

paisaje, m.	landscape
gente, f.	people
decaer	to decline
revés, m.	defeat
se dieron cuenta (darse)	realised
se dirigieron (dirigirse)	went to
puso fin (poner)	put an end
intento, m.	attempt

GUATEMALA

El territorio guatemalteco es predominantemente montañoso y volcánico. Aunque sólo hay dos volcanes activos, los terremotos y la actividad volcánica han jugado un papel importante en la historia y el paisaje del país. En 1773 un sismo destruyó la capital colonial, Antigua. En 1917 la nueva capital, Guatemala, fue completamente destruida. El terreno volcánico, de otra parte, junto con una abundancia de agua, hacen de Guatemala el país más fértil de la región. Debido a esto, su economía está casi totalmente basada en la agricultura, cuyos principales productos son el café y el banano. Los lagos de Guatemala, especialmente el Atitlán, el Amatitlán y el Izabal son no sólo un importante recurso natural, sino también áreas de gran belleza.

Guatemala fue el centro de la civilización maya, la más avanzada de la América precolombina, cuyos conocimientos matemáticos, astronómicos y arquitectónicos contrastan con el extraño hecho de que no conocieron la rueda. Los mayas dejaron numerosos vestigios de su civilización, muchos de los cuales han sido excavados. El principal de éstos es Tikal, en el norte de Guatemala, que cubre un área de 15 kilómetros cuadrados y contiene más de 3.000 estructuras, entre las cuales se cuentan una gran pirámide, plazas y monumentos.

7

VOCABULARY

guatemalteco, m.	Guatemalan
terremoto, m.	earthquake
sismo, m.	earth tremor
junto con	together with
debido a esto	owing to this
vestigio, m.	vestige, remnants

EL SALVADOR

El Salvador es el más pequeño de los países centroamericanos, el más densamente poblado y el único sin costas en el Océano Atlántico. Tiene una población homogénea y uniformemente distribuida por todo el país. Al igual que en los otros países del área, la principal industria en el Salvador es la agricultura. Más del 60 por ciento de la tierra está dedicada a la agricultura, en la cual se ocupa el 75 por ciento de la población. El principal producto de exportación salvadoreño es el café. Para asegurarse un buen futuro, es necesario que la economía salvadoreña se diversifique y así no siga dependiendo exclusivamente de un sólo producto que la hace esclava de las fluctuaciones del mercado internacional.

Por encontrarse en una zona de actividad sísmica, el Salvador ha experimentado frecuentes terremotos y erupciones volcánicas causadas por su principal volcán, el Santa Ana, de 2.385 m de altura.

7

VOCABULARY	
al igual que	like
ocupa (ocupar)	employs
asegurarse	ensure
se diversifique	diversify
(diversificarse)	
dependiendo	depending
(depender)	

Exercise 51

Complete the following statements with the appropriate word:

Tikal, sismos, guerra civil, rueda, oro, decadencia, El Salvador, agua, desembarcó

1 En su cuarto viaje Colón ... en Honduras.
2 El principal objetivo de los conquistadores fue encontrar ... .
3 En 1821 la ... terminó con la unión de los países centroamericanos.
4 Guatemala es muy fértil en parte debido a que tiene ... en abundancia.
5 El principal vestigio de la civilización maya en Guatemala es ... .
6 A pesar de su avanzada civilización, los mayas no conocieron la ... .
7 ... es el más pequeño de los países centroamericanos.
8 El Salvador está en una zona que sufre muchos ...
9 A la llegada de los españoles a América Central los mayas estaban en ... .

7

HONDURAS

Honduras se destaca por su riqueza forestal, la cual produce gran variedad de maderas finas. Se cree que Cristóbal Colón le dio a la región el nombre de Honduras por la profundidad de las aguas alrededor de sus costas. La mayoría de la población hondureña vive de la agricultura, y el banano constituye más del 50 por ciento de las exportaciones. También se cultivan el café, la caña de azúcar y el maíz. Como en la época de los mayas, el maíz continúa siendo el principal alimento para la mayoría de la población.

Debido al mejoramiento de las condiciones sanitarias, la población está bien distribuida, aunque un gran número de sus habitantes vive en la capital, Tegucigalpa. La moneda hondureña es el Lempira, en honor a su más famoso cacique, quien ocasionó muchas derrotas a los españoles y quien, como otros líderes indios, fue traicionado y asesinado por los conquistadores.

VOCABULARY

forestal	timber (adj.)
madera, f.	wood, timber
mejoramiento, m.	improvement
hondureña, f.	Honduran
cacique, m.	chieftain
derrota, f.	defeat
líder, m.	leader

NICARAGUA

Por sus lagos y ríos, Nicaragua fue y aún sigue siendo la ruta alterna para la construcción de un segundo canal interoceánico en Centroamérica.

Nicaragua también es famosa por sus volcanes y por su frecuente actividad sísmica, la cual ha ocasionado la destrucción de la capital, Managua, en más de una ocasión.

La mayoría de la población nicaragüense vive en la costa pacífica, alrededor de los lagos Nicaragua y Managua y se ocupa principalmente de la agricultura y la ganadería. Los principales productos son el café, el algodón y la carne.

El nombre de Nicaragua parece derivarse del la palabra azteca *nec*, que significaba guerrero valiente, y de *aguaraco*, nombre de las tribus que ocuparon parte del país.

Una figura nicaragüense importante fue Rubén Darío, nombre de pluma de Félix Rubén García Sarmiento, quien desarrolló e impulsó el modernismo en la poesía española, no sólo en Hispanoamérica, sino también en España.

Exercise 52

Rewrite these sentences replacing the words underlined with an appropriate expression from the list provided and changing the form of other words, if necessary.

por mucho tiempo, indios, la capital, mayor recurso, escritor, terremotos, cacique

1 La riqueza de Honduras son sus maderas.
2 El Lempira debe su nombre a un líder indio.
3 El maíz ha sido el alimento principal de los hondureños desde la época de los mayas.
4 La mayoría de la población hondureña vive en Tegucigalpa.
5 Managua ha sido destruida varias veces por la actividad sísmica.
6 Aguaraco es el nombre de las tribus que ocuparon parte de Nicaragua.
7 Rubén Darío fue un poeta distinguido.

COSTA RICA

Costa Rica no es muy diferente en aspecto físico a los otros países centroamericanos. La selva tropical ocupa casi la mitad de su territorio y es fuente de maderas finas como el cedro y de una gran variedad de orquídeas. Su principal industria es la agricultura, cuyos principales productos son el café, el banano y el cacao. Se espera que el turismo, y especialmente el ecoturismo, contribuya en gran medida a la economía costarricense en los próximos años.

La población de Costa Rica es una de las más educadas de la región, con un nivel de alfabetismo de más del 85 por ciento. Se dice que en Costa Rica hay más maestros que soldados, pues a más de no haber ejército, la proporción de maestros a alumnos es bastante alta.

Muy cerca del volcán Turrialba se encuentra el Monumento Nacional del Guayabo, el principal sitio arqueológico de Costa Rica. Las excavaciones han revelado un complicado sistema de vías, acueductos y aceras, así como escaleras, tumbas, esculturas y plataformas circulares. Los arqueólogos creen que la ciudad existió desde el año 1000 a.C. hasta el 1400 d.C. y que tuvo cerca de 10.000 habitantes. Las ruinas cubren cerca de 210 hectáreas, de las cuales solo 50 han sido excavadas.

Muchos artefactos, incluyendo piezas de alfarería y campanas de oro, se exhiben en el Museo Nacional de San José. Nadie sabe qué le sucedió a la civilización del Guayabo y este enigma añade misterio a la paz del bosque que circunda las ruinas. En este sitio tan tranquilo, se puede uno olvidar de las complicaciones y preocupaciones de la vida moderna.

7

VOCABULARY

es fuente	is the source of
cedro, m.	cedar
en gran medida	to a great extent
costarricense	Costa Rican
alfabetismo, m.	literacy
proporción, f.	ratio
vía, f.	road
acueducto, m.	water works
acera, f.	pavements, sidewalks
escalera, f.	staircase
artefacto, m.	object, artefact
alfarería, f.	pottery
campana de oro, f.	golden bell
añade (añadir)	adds
circunda (circundar)	surrounds
se puede uno olvidar	one can forget

EL CANAL DE PANAMÁ

Panamá se conoce como el país del Canal. El istmo de Panamá siempre había sido una ruta importante entre los océanos Pacifico y Atlántico, pero los españoles, por temor a los ataques de los piratas ingleses, nunca se atrevieron a construir un canal.

Cuando en 1848 los norteamericanos ocuparon California, se hizo aún más urgente la construcción de un canal y con este propósito se formó una compañía presidida por el gran ingeniero francés Fernando de Lesseps, constructor del Canal del Suez.

En 1881 Lesseps llegó a Panamá para dirigir la construcción del Canal. Seis años más tarde habían muerto unos cincuenta mil trabajadores, se había excavado más tierra de la que se removió para hacer el Canal del Suez, se había gastado todo el dinero de la compañía francesa, pero no se había construido mucho.

A pesar del fracaso de los franceses, en 1904 los norteamericanos empezaron otra vez la construcción encontrando las mismas dificultades: enfermedades tropicales, derrumbes frecuentes y condiciones de vida muy primitivas. Pero los norteamericanos terminaron el proyecto gracias al trabajo de dos hombres: el coronel Gorgas, quien eliminó casi por completo la fiebre amarilla de la Zona del Canal, y el coronel Goethal, ingeniero del ejército norteamericano, quien inventó la maquinaria para excavar y transportar millones de toneladas de tierra. El Canal, que se inauguró en 1914, costó muchas vidas y 365 millones de dólares, cinco veces más que el Canal del Suez.

El Canal cruza el istmo por su parte más estrecha, tiene 82 kilómetros de largo y se encuentra en la Zona del Canal, territorio que se extiende 8 kilómetros a cada lado del Canal. Unos 14.000 barcos pasan por el Canal anualmente dejando unos $40 millones de dólares en peajes. El Canal fue administrado por los Estados Unidos hasta el 31 de diciembre 1999, cuando pasó, a regañadientes, a manos panameñas.

VOCABULARY

istmo, m.	isthmus
por temor	for fear
con este propósito	for this purpose
se formó (formarse)	was formed
presidida (presidir)	presided, headed
fracaso, m.	failure
derrumbe, m.	landslide
maquinaria, f.	machines
se inauguró (inaugurarse)	opened
cruza (cruzar)	crosses
peaje, m.	toll
a regañadientes	grudgingly

7

Exercise 53

Answer the following questions in Spanish:

1 ¿De qué actividad espera Costa Rica generar ingresos en el futuro?

2 ¿Por qué se dice que la población de Costa Rica es la más educada de América Central?

3 ¿Durante cuántos siglos se cree que existió la ciudad excavada en el Monumento Nacional del Guayabo?

4 ¿Qué le pasó a la civilización del Guayabo?

5 ¿Quién construyó el Canal del Suez?

6 ¿Por qué los españoles no construyeron un canal?

7 ¿Qué hizo el coronel Gorgas para ayudar a la construcción del Canal?

8 ¿Cuándo se terminó el Canal?

19 | VERB + PREPOSITION + NOUN

English verbs often take similar prepositions to their Spanish equivalents in front of their noun objects:

condujeron a la guerra civil led to civil war
exponerse a   to be exposed to

More often English verbs take prepositions when their Spanish equivalents take none, or vice versa. These are some Spanish verbs that require a preposition although their English equivalents don't:

abusar de	to misuse, to abuse
acercarse a	to approach
acordarse de	to remember
apoderarse de	to seize
asistir a	to attend
burlarse de	to mock
disfrutar de	to enjoy
enterarse de	to learn, find out
faltar a	to break (one's word, promises)
fiarse de	to rely on
fijarse en	to notice
gozar de	to enjoy
olvidarse de	to forget
parecerse a	to resemble
pasar de	to exceed
recordar a (alguien)	to remember (someone)
renunciar a	to renounce
salir de	to leave
servirse de	to use
tirar de	to pull

Conversely, the following Spanish verbs do not require the prepositions of their English equivalents:

agradecer	to be grateful for
aguantar	to put up with
aprovechar	to take advantage of

7

buscar	to look for
escuchar	to listen to
lamentar	to be sorry about
mirar	to look at
pagar	to pay for
sentir	to be/feel sorry about

Exercise 54

Insert a preposition if required in the following sentences:

1 Ha faltado ... su palabra y no escucha ... consejos.
2 Fíjate bien ... lo que te digo y no te olvides ... cumplirlo.
3 Disfruten ... la naturaleza y no abusen ... ella.
4 Agradezco ... tu colaboración y me fío ... ti totalmente.
5 Cuando asiste ... las clases, recuerda mucho ... su otra profesora.
6 Siento ... la muerte de tu tío; siempre me acordaré ... él.
7 No te fíes ... nadie y aguanta ... todo sin quejarte.
8 Salió ... su habitación y se olvidó ... todo.
9 Fijate ... su cara y no te fíes ... él.
10 Me acerqué ... la caja y pagué ... la cuenta.

20 THE SUBJUNCTIVE EXPRESSING DOUBT

The subjunctive is used after verbs or expressions of doubt. For example:

Dudo que venga.
I doubt he'll come.
No parece que vaya a llover.
It doesn't look like rain.
Es increíble que haya dicho eso.
It's incredible that he should have said that.

But if the doubt is negated, the verb reverts back to the indicative:

No dudo que vendrá.
I don't doubt he'll come.
Es obvio que va a llover.
It looks like rain.
Es verdad que dijo eso.
It's true he said that.

21 THE SUBJUNCTIVE AFTER VERBS OF THINKING OR SAYING

The subjunctive is used after verbs of thinking or saying used negatively or interrogatively. For example:

No creo que vaya a nevar.
I don't think it'll snow.
No me imagino que él sepa la verdad.
I can't imagine he knows the truth.
¿Piensan que tu vecino pueda ser culpable?
Do they think your neighbour is guilty?
¿Insinúan que yo sea mentiroso?
Are they saying I'm a liar?

But when the main verb has a positive sense, the subordinate verb is in indicative, since what follows is seen as a definite fact:

Estamos convencidos de que la quieres.
We're convinced that you love her.
Te digo que se casaron.
I'm telling you they got married.
Estoy seguro de que viene.
I'm sure he's coming.

And after the negative imperative of a verb of thinking or saying, the indicative is used:

No creas que soy tonto.
Don't think I'm a fool.
¡No me digas que te casaste!
Don't tell me you got married!

The indicative is used after verbs of thinking, in interrogative form, if the statement that follows has a high probability of being true. Compare:

¿Crees que el viaje es largo?
Do you think the trip will be long?
¿Crees que el viaje sea largo?
Do you think the trip may be long?

Exercise 55

Put the infinitive into the correct verb form:
1 Dudo que (ser) antipática.
2 No creo que las dos (ser) gemelas.
3 Te digo que nadie (darse cuenta).
4 ¿Crees que Juan (querer) decir algo?
5 No pienses que (ser) cierto.
6 Creo que Pedro no (venir) a la fiesta.
7 Parecía que (ir) a nevar.
8 Me imagino que tú (sacar) buenas notas.
9 Es obvio que ella te (haber mentido).
10 Yo no creo que ellos me (poder) vigilar todo el tiempo.

7

LISTENING PRACTICE

Conversación con un funcionario de inmigración

FUNCIONARIO **Buenas tardes.**

SAM JONES **Buenas tardes.**

FUNCIONARIO **¿Cuánto tiempo piensa quedarse en Guatemala?**

SAM JONES **Tres meses, espero. Quiero asistir a un curso de español en Antigua y es posible que me quede un trimestre. Ya me matriculé por dos meses, pero me han dicho que quizá necesite cuatro semanas más de clase.**

FUNCIONARIO **¿Y Ud. ya pagó el curso?**

SAM JONES **Sí, aquí está el recibo.**

FUNCIONARIO **¿Tiene su billete de regreso ya comprado?**

SAM JONES **Sí.**

FUNCIONARIO **¿Me permite verlo?**

SAM JONES **Tenga. No dudo que todo está en orden.**

FUNCIONARIO **Sí, muy bien. Y ¿dónde va a alojarse?**

SAM JONES **No estoy seguro, pero tal vez nos alojan con familias guatemaltecas.**

FUNCIONARIO **¿Ha traído suficiente dinero para pagar el alojamiento y otros gastos?**

SAM JONES **Tengo cinco millones de quetzales y existe la posibilidad de que mis padres me manden más a través del banco el mes que viene.**

FUNCIONARIO **Bueno, le voy a dar una visa para cuatro meses y a lo mejor decida pasear un poco.**

SAM JONES **Estupendo. Muchas gracias.**

FUNCIONARIO **De nada. ¡Qué disfrute su estadía en Guatemala!**

SAM JONES **Gracias. Adiós.**

7

asistir	to attend
me matriculé	enrolled, registered
(matricularse)	
mandé (mandar)	sent
plaza, f.	place
billete de regreso, m.	return ticket
alojarse	to lodge, to stay
alojamiento, m.	lodgings
pasear	to go sight-seeing
estadía, f.	stay

Exercise 56

Answer the following questions in Spanish:

1 ¿Cuántos meses más de clase cree Sam que va a necesitar?

2 ¿Dónde se va a quedar?

3 ¿Cuánto dinero ha traído?

4 ¿Cuánto tiempo le dan de visa?

5 ¿En qué ciudad es el curso?

7

Lesson 8

You will read about:
- Colombia and Venezuela
- the world's highest waterfall – el Salto Angel
- Venezuelan oil and ecotourism

You will study:
- the use of the neuter pronoun 'lo'
- 'el de', 'la de', 'el que', 'la que', etc
- the use of the passive with 'se' and reflexive verbs

COLOMBIA

Colombia se conoce como 'la puerta de Suramérica' por su situación en la esquina noroeste del subcontinente, enclavada entre Panamá y el océano Pacífico al occidente, el mar Caribe al norte, Venezuela y Brasil al oriente, Perú y Ecuador al sur.

Tiene una superficie de 1.138.910 km² y es el único país suramericano con costas en los océanos Pacífico y Atlántico. En el norte del Ecuador y el sur de Colombia los Andes se dividen en tres ramas que se extienden hasta Venezuela. La topografía en esta parte del país es muy accidentada: montañas muy elevadas, muchas de ellas volcanes, cubiertas de nieves perpetuas, que se intercalan con valles

¿Sabía Ud. que ...?

- Colombia y Venezuela junto con Ecuador formaron un país independiente, la Gran Colombia, hasta 1830.

- Venezuela significa 'pequeña Venecia' y se le llamó así porque los primeros exploradores encontraron en el lago Maracaibo chozas construidas sobre pilotes de madera (palafitos) los cuales les recordaban la ciudad de Venecia.

- Colombia es el único país que honra con su nombre a Colón, el descubridor de América.

muy profundos. El oriente del país se caracteriza por la presencia de terrenos muy bajos y planos (los llanos) y el sur hace parte del bosque tropical húmedo amazónico.

Colombia posee casi la mitad de todas las reservas de carbón conocidas en Latinoamérica y sus montañas son muy ricas en minerales preciosos – oro, platino y esmeraldas. Las esmeraldas colombianas son famosas en todo el mundo por su belleza y alta calidad. Así como el petróleo constituye la riqueza principal de Venezuela, el primer producto colombiano es el café, que representa para Colombia el quince por ciento del mercado mundial.

El café lleva más de dos siglos cultivándose en Colombia, desde fines del siglo XVIII cuando se importaron las primeras semillas de las Antillas Francesas. Hoy día los cafetales se extienden por aquellas zonas que reúnen las condiciones climáticas adecuadas, en las laderas de la cordillera central. Sin embargo, como más de la mitad del país está cubierto de bosques y selvas, solamente una proporción muy reducida del territorio, alrededor del dos por ciento, está dedicada a este cultivo. Lo mejor del café colombiano es su aroma y suavidad.

VOCABULARY

esquina, f.	corner
enclavada entre	bordered by
se dividen en tres ramas (dividirse)	split into three branches
se extienden hasta (extenderse)	they reach as far as
muy accidentada	very rugged
nieve perpetua, f.	permanent snow
se intercalan (intercalar)	alternate
llano, m.	plains
hace parte de (hacer)	is part of
bosque tropical húmedo, m.	tropical rainforest
carbón, m.	coal

lleva dos siglos cultivándose	has been grown for two centuries
cafetal, m.	coffee plantation
ladera, f.	hillside

Exercise 57

Complete the following sentences.

1 Por estar situada en la esquina noroeste de Suramérica a Colombia se le llama ... .
2 Colombia debe su nombre a ... .
3 Los llanos colombianos se encuentran al ... del país.
4 Colombia, Venezuela y Ecuador formaron ... .
5 Entre los minerales, el más abundante en Colombia es ... .
6 El ... es el primer producto colombiano de exportación.
7 Alrededor del ... del territorio colombiano está dedicado al cultivo de café.

VENEZUELA

Venezuela está dividida en cuatro partes: El occidente, dominado por la cordillera de los Andes; el norte, dominado por la cordillera de la costa; los llanos – la extensa llanura regada por el río Orinoco – y el sur, que se conoce como el Macizo o Escudo Guayanés, caracterizado por unas formaciones geológicas muy antiguas. En las tres primeras vive la mayoría de los habitantes – la Venezuela de hoy. La de mañana queda al sur – en el Territorio Federal Amazonas y el Estado Bolívar, ambos muy escasamente poblados.

Por su extensión (912.050 km²) ocupa el sexto lugar entre los países suramericanos. Venezuela es conocida en el mundo por sus vastos recursos petrolíferos.

Caracas, la capital, es una ciudad moderna que posee excelentes vías de comunicación y de transporte y ofrece tanto a caraqueños como a visitantes innumerables atracciones, entre las cuales se cuentan instituciones culturales y artísticas, estadios deportivos, teatros, salas de exhibiciones y muchas otras. Lo interesante de Venezuela es que ofrece algo atractivo a cada persona.

VOCABULARY

cordillera, f.	mountain range
regada	irrigated
queda (quedar)	is located
ambos	both
escasamente	thinly, sparsely
poblados	populated
recursos petrolíferos, m.	oil resources
caraqueño, m.	from Caracas
se cuentan (contarse)	include

EL SALTO ANGEL

En el Macizo Guayanés se encuentran antiquísimas formaciones rocosas, alfombradas por una densa vegetación selvática, en la que abunda una gran variedad de fauna y flora tropicales. Allí se encuentra el Parque Nacional Canaima, que cuenta con una superficie aproximada de 30.000 kilómetros cuadrados, lo que lo sitúa entre los seis parques nacionales más grandes del mundo. En medio de esta vasta área se elevan inmensas formaciones rocosas llamadas 'tepuyes', caracterizadas por su forma de meseta y por su escarpadas faldas, por las que se desbordan muchas cascadas, siendo la principal el Salto Angel, llamado 'Churún-Merú' en una de las lenguas indígenas de la región.

El Salto Angel, de una altura de 980 metros (cinco veces más alto que las Cataratas del Niágara), es la caída de agua más alta del mundo y debe su nombre a Jimmy Angel, aviador estadounidense que aterrizó forzosamente en su cumbre en 1937. En esta región tan remota e inaccesible, de singular y excepcional belleza, de características geográficas únicas y una de las áreas geológicas más antiguas del mundo, basó Conan Doyle su novela 'Viaje al fin del mundo.'

VOCABULARY

macizo, m.	massif
se encuentran	are found
(encontrarse)	
alfombradas	covered
vegetación selvática, f.	woodland
cuenta con (contar)	has
lo sitúa (situar)	places it
se elevan (elevarse)	raise
meseta, f.	plateau
escarpadas faldas, f.	craggy slopes
se desbordan (desbordarse)	drop, overflow
cascada, f.	waterfall
salto, m.	waterfall
catarata, f.	waterfall
debe su nombre	owes its name
aviador, m.	pilot
aterrizó forzosamente	crash-landed
(aterrizar)	
cumbre, f.	summit

8

EL PETRÓLEO VENEZOLANO

La gran riqueza de Venezuela es el petróleo, que se obtiene principalmente (el 70 por ciento) en la zona del lago Maracaibo. El resto se extrae de varios campos petrolíferos en la zona de los llanos.

En 1918 se les abrieron las puertas a empresas estadounidenses, pero desde 1975 la industria petrolera está nacionalizada y proporciona el 90 por ciento de la renta nacional.

En 1988 Venezuela se convirtió en el cuarto productor mundial de petróleo. Gracias a este recurso natural, Venezuela llegó a ser uno de los países más desarrollados de Suramérica, con un gran volumen de comercio exterior. La economía venezolana, por consiguiente, depende de los mercados extranjeros y del precio internacional del petróleo. En los años ochenta dichos precios bajaron considerablemente y, al mismo tiempo, el país sufrió un prolongado período de recesión caracterizado por una alta tasa de inflación y una deuda externa agobiante.

Aunque también se exportan hierro, bauxita, diamantes y oro, la economía depende casi exclusivamente del petróleo. Sólo el 10 por ciento de la población vive de la agricultura y su productividad es baja, lo que significa que Venezuela tiene que importar tres cuartas partes de sus alimentos.

VOCABULARY

campo petrolífero, m.	oil field
renta nacional, f.	national income
productor mundial, m.	world producer
ha llegado a ser (llegar)	has become
comercio exterior, m.	foreign trade
por consiguiente	consequently
tasa de inflación, f.	inflation rate
deuda externa, f.	external debt
agobiante	grinding

8

Exercise 58

Complete the following statements with the appropriate word or expression from the list provided.

la Venezuela del futuro, el Macizo Guayanés, formaciones rocosas, ingresos, el lago Maracaibo, comida, catarata, pequeña Venecia, el petróleo

1 'Venezuela' significa … .
2 Venezuela se conoce en el mundo por … .
3 Los tepuyes son … .
4 El salto Angel es la … más alta del mundo.
5 El Territorio Federal Amazonas y el Estado Bolívar son … .
6 El 70% del petróleo venezolano se encuentra en … .
7 El Parque Nacional Canaima está en … .
8 El petróleo representa el 90% de los … venezolanos.
9 Venezuela importa casi el 75% de su … .

Feature

EL ECOTURISMO

Colombia y Venezuela tienen una superficie combinada de más de dos millones de kilómetros cuadrados. Más del 50 por ciento del territorio está cubierto de selvas, bosques y sabanas donde la densidad de población no llega a un habitante por kilómetro cuadrado. Esto permite la existencia de flora y fauna extensas: en ésta última se destaca la variedad de pájaros más grande que se conoce actualmente. Existen mil setecientas especies, el doble de las que se encuentran en Norteamérica. Entre las aves más vistosas vale la pena mencionar el guacamayo, el colibrí, el tucán, el pájaro carpintero y el águila real.
    También hay una gran abundancia de mamíferos,

reptiles y peces, representados especialmente por culebras, caimanes, armadillos, osos hormigueros, venados, monos y muchos otros.

Este extraordinario ecosistema lo comparten treinta mil plantas florales, entre ellas 1.500 variedades diferentes de orquídeas, que son polinizadas por, entre otras, cientos de arañas y mariposas. Se cree que muchas de estas plantas no han sido aún clasificadas.

En los últimos años, gracias a la influencia del movimiento ecológico, a la necesidad de atraer inversión y divisas, y en respuesta a la demanda de los turistas por lugares exóticos y distantes, se ofrecen viajes 'verdes', que tienen como propósito acercar al visitante a la naturaleza y brindarle la oportunidad de conocer y estudiar una pequeña parte del bosque tropical húmedo y del llano. El ecoturismo es muy diferente al turismo de 'sol y mar': las comodidades de la vida moderna que son tan importantes en éste último, se sacrifican por el contacto con la naturaleza y la apreciación de su variedad de formas de vida. Es todavía un turismo naciente y para los más osados, pero se cree que va a tener un crecimiento rápido en los próximos años.

La idea del ecoturismo, de otra parte, no es nueva. Los parques naturales y las zonas de reserva ya se han establecido en otras partes del mundo, especialmente en países grandes como los Estados Unidos, Canadá y Australia, donde existe la tradición por la conservación de la naturaleza. Otros países como España, la Gran Bretaña y Francia han seguido este ejemplo. Pero a diferencia de los ecoturistas que van a Colombia y Venezuela, los que visitan Yosemite o Doñana, no esperan encontrar animales exóticos ni tribus aborígenes.

8

VOCABULARY

bosque, m.	forest	**mono, m.**	monkey
especie, f.	variety	**divisa, f.**	foreign
ave, f.	bird		exchange
vistosa	colourful	**acercar**	to bring
guacamayo, m.	macaw		nearer
colibrí, m.	humming bird	**brindarle**	to offer
tucán, m.	toucan	**(brindar)**	
pájaro	woodpecker	**naciente**	emerging
carpintero, m.		**osado**	daring
águila real, f.	golden eagle	**crecimiento, m.**	growth
oso	ant eater	**zonas de**	nature reserve
hormiguero, m.		**reserva, f.**	
venado, m.	deer	**tribu, f.**	tribe

Exercise 59

State whether each of the following statements is true (**verdadero**) or false (**falso**):

1 Más de un millón de kilómetros cuadrados en el territorio colombo-venezolano están cubiertos de selvas, bosques y sabanas.

2 En Colombia y Venezuela hay tantas aves como en Norteamérica.

3 En Venezuela y Colombia hay 1.500 variedades de orquídeas.

4 El ecoturismo está tan desarrollado como el turismo de 'sol y mar'.

5 Los 'viajes verdes' tienen como objetivo abrir la selva.

6 En Norteamérica y Europa también se hace ecoturismo.

7 El ecoturismo colombo-venezolano también brinda la oportunidad de conocer animales exóticos y tribus.

8

Notice the following uses of **lo**:

Lo interesante de Venezuela.
The interesting thing about Venezuela.
Lo mejor del café colombiano.
The best thing about Colombian coffee.
Lo barato sale caro.
Cheap things turn out dear eventually.
Lo mío es mío.
What's mine is mine.
Y lo tuyo es de los dos.
And what's yours belongs to both of us.
Lo mismo opino yo.
I think the same.
Lo mejor es callarme.
The best thing for me is to keep silent.
Lo importante es no caer.
The important thing is not to fall.
Lo antiguo no es malo.
Old things are not bad.
Lo desconocido da miedo.
One is afraid of the unknown.
Siento mucho lo ocurrido.
I'm very sorry for what has happened.
A lo hecho, pecho.
What's done is done.

In indirect questions **lo** + adjective + **que** + verb translates how + adjective:

No sabes lo disgustado que estoy.
You don't know how angry I am.
Me contó lo difícil que fue.
He told me how difficult it was.

The adjective may be substituted by an adverb:

Me gusta lo despacio que vas.
I like how slowly you're going.

No saben lo lejos que estás.
They don't know how far you are.
Me encanta lo bien que manejas.
I am delighted how well you drive.

Lo de means 'the matter of' or 'the business of':
Lo de la hipoteca me tiene preocupado.
The business of the mortgage worries me.
No entiendo lo del Pacto Andino.
I do not understand about the Andean Pact.
Se me olvidó lo de tu carta.
I forgot about your letter.
Me reí al oír lo del gato.
I laughed when I heard about the cat.

Lo que means 'that which' or 'what':
No entiendo lo que dices.
I don't understand what you're saying.
Lo que pasa es que no hay dinero.
What is happening is that there's no money.
María no puede aceptar lo que se decidió en su ausencia.
Maria cannot accept what was decided in her absence.
El color no es lo que más me gusta.
What I like most is not the colour.

8

23 ## 'EL DE', 'LA DE', 'LOS DE', 'LAS DE', AND 'EL QUE', 'LA QUE', 'LOS QUE', 'LAS QUE'

El, la, los, las + de is used to denote possession with unstated nouns:

Me gusta tu coche, pero no el de Pedro.
I like your car, but not Pedro's.
Tengo mi cámara, pero no la de Esperanza.
I have my camera, but not Esperanza's.
Las historias de tu abuela son mejores que las de tu tío.
Your grandmother's stories are better than your uncle's.

Estos cuentos y los de García Márquez son para leerlos y releerlos.
These short stories and Garcia Marquez's are to be read and re-read.

Or geographically/historically related:

Las catedrales no suelen gustarme, pero la de Sevilla sí.
I don't usually like cathedrals, but I do like Seville's.
La Venezuela de ayer y la de hoy.
Yesterday's Venezuela and today's.

Or simply notionally related:

Hablo la lengua de Cervantes, pero no la de Shakespeare.
I speak the language of Cervantes, but not that of Shakespeare.

With **que** and a clause the pronouns mean 'he / she / those who / those which':

Los que trabajan aquí ganan bien.
Those who work here are well paid.
El que trabaja no come paja.
He who works hard doesn't go hungry.
Los buenos libros son los que siempre se recuerdan.
Good books are those that are always remembered.
La que dijo eso fue mi madre.
(She) who said that was my mother.

Exercise 60

Fill the gap with the appropriate form (**el que, lo de, lo que, la que, los de, los que, las que, lo**):

1 ... tienes que hacer es acostarte temprano y dejar de pensar en tu problema.

2 Es ella ... tiene que hacerlo, no yo.

3 No sé ... va a pasar cuando mi padre se entere.

4 ¿Son éstos tus libros o ... tu amiga?

5 No te burles del hombre con ... voy a casarme pronto.

6 Tenemos ... necesario.

7 Lamento ... te dije – discúlpame, por favor.

8 La cama en ... ella duerme no es muy cómoda.

9 La dama por ... Don Quijote hacía locuras se llamaba Dulcinea.

10 Fue mi amigo ... regresó tarde anoche.

24 THE PASSIVE VOICE WITH 'SE'

In Spanish the passive voice can be expressed with **se** + verb. This is most common with the third person singular and plural. Look at the following examples:

Colombia se conoce como 'la Puerta de Suramérica'.
Colombia is known as 'the Gate to South America'.
Se ofrecen viajes 'verdes'.
'Green' trips are available.
El petróleo se obtiene principalmente en el lago Maracaibo.
Oil is extracted mainly from Lake Maracaibo.
Se exportan hierro, bauxita, diamantes y oro.
Iron, bauxite, diamonds and gold are exported.
Se cree que muchas de estas plantas no han sido clasificadas.
Many of these plants are believed to be unclassified.

8

Notice that the verb agrees in number with the noun:

Se habla español.
Se hablan muchas lenguas.

Exercise 61

Read the following recipe and rewrite it changing the
infinitives to the **se** passive form. For example:
Poner en una fuente los pimientos y los tomates.
Se ponen en una fuente los pimientos y los tomates.

Ensalada de pimientos rojos y tomates asados

Ingredientes para 10 canapés

- 1 kg. de pimientos rojos
- tomates medianos maduros
- dientes de ajo
- 1 huevo duro
- sal y cominos
- 20 g de aceite crudo

Preparación

Poner en una fuente los pimientos y los tomates.
Rociarlos con un poquito de aceite crudo y asarlos
al horno. Después de asados, dejarlos reposar tapados
por una hora y pelarlos. Una vez pelados, picarlos y
ponerlos en una sartén con el resto del aceito crudo,
el ajo y los cominos (previamente machacados con un
poco de sal) y 1/4 de litro de agua. Ponerlos a hervir
durante 15 minutos, añadir el huevo duro troceado
y dejarlo hervir por otros 5 minutos.

8

Another use of **se** is in the third person of verbs, whether truly reflexive or not. Look at these four truly reflexive verbs:

Nunca nos miramos en el espejo. (mirarse)
We never looked at ourselves in the mirror.
No me afeito todos los días. (afeitarse)
I don't shave every day.
El soldado se mató con su propia pistola. (matarse)
The soldier killed himself with his own gun.
¿Te cepillas los dientes bien? (cepillarse)
Do you brush your teeth properly?

Note that even the true reflexives mostly do not translate as reflexives in English. For instance: **levantarse** (get up), **ducharse** (shower), **ponerse** (put on), **vestirse** (dress).

A number of Spanish verbs exist in pairs where the **-se** ending conveys a different meaning from the basic one.

Bogotá queda en una meseta. (quedar)
Bogota is located on a plateau.
María nunca se ha quedado en Caracas. (quedarse)
Maria has never stayed in Caracas.
¿Ha puesto Ud. la carta en el buzón? (poner)
Have you put the letter in the letterbox?
¿Se va Ud. a poner los zapatos nuevos hoy? (ponerse)
Are you going put on your new shoes today?

Other verb pairs in this category are: **levantar / levantarse** (lift / get up), **ir / irse** (go / go away), **estar / estarse** (be / stay), **parar / pararse** (stop / stand up), **conducir / conducirse** (drive / behave oneself), **quitar / quitarse** (take away / take off), **acordar / acordarse** (agree / remember), **fijar / fijarse** (fix / take notice).

Other verbs only exist in the **-se** form:

¡Deje de quejarse! Stop complaining!

8

El alcalde nunca se arrepentirá de su decisión.
The major will never regret his decision.

Other verbs in this category are: **jactarse** (to boast), **abstenerse** (to abstain), **atreverse** (to dare), **rebelarse** (to rebel).

Exercise 62

Read the advertisement, identify the uses of **se**, list them and translate them.

PARA QUE SU IMAGINACIÓN SE ESCAPE A OTRA ÉPOCA

A partir de ahora, casi por el precio de un vuelo regular, Iberia le organiza unas escapadas hechas a su medida. ¡Incluyendo todo lo que se necesita para huir de la rutina! Y se le ofrece toda la libertad para que usted pueda diseñar su Iberia Hobby como más le apetezca. Escápese de lo habitual. Ahora lo tiene muy fácil.

Para que usted sólo tenga que preocuparse de disfrutar al máximo, Iberia Hobby se encarga de todo.

¿Le apetece relajarse y descubrir rincones perdidos en el tiempo? ¡Anímese! Iberia Hobby lo facilita todo: Para empezar, la calidad de un vuelo de Iberia. Durante sus siete noches en Cartagena de Indias, diviértase de lo lindo: disfrute de un magnífico hotel, descubra callejuelas, plazoletas, claustros, fortificaciones... una ciudad mágica con recuerdos de piratas y señores de otro tiempo. Y, por la noche el ambiente tropical se adueña de la ciudad. Recorra en lancha las isla de coral del Rosario, contemple su vida submarina... No se pierda el tour por Santa Marta y el Parque Tairona,

O, si lo desea, escápese al corazón del Caribe, en un vuelo: la Isla de San Andrés le espera... con el mar esmeralda y el calipso sonando, que le harán recordar estas playas toda una vida.

LISTENING PRACTICE

Se necesita un carro

Julie Barnes is an English teacher working in Madrid. She plans to go on holiday to Venezuela:

JULIE BARNES	**Buenos días.**
EMPLEADO	**Buenos días. ¿En qué puedo servirle?**
JULIE BARNES	**Me interesa ir a Venezuela el mes que viene. Compré mi billete de ida y vuelta aquí la semana pasada.**
EMPLEADO	**Ah, sí – me acuerdo. Fue a nombre de la Señora Barnes, ¿no? Fui yo el que se lo vendió.**
JULIE BARNES	**Exactamente. ¿Se puede alquilar el coche a través de IBERIA?**
EMPLEADO	**Sí, trabajamos con Servicar. Aquí tiene Ud. la lista de precios. Todo depende de qué clase de vehículo quiere alquilar. No se alquilan carros pequeños – allá dicen carros en vez de coches. Y todos vienen con aire acondicionado.**
JULIE BARNES	**¿Por cuánto me saldría un Renault 19 por una quincena, con todo incluido?**
EMPLEADO	**A ver ... Como 320 euros, con seguros e impuestos incluidos.**
JULIE BARNES	**¿Y me lo entregan en Maiquetía?**
EMPLEADO	**Sí, se pueden recoger y entregar, sin coste alguno, en cualquier aeropuerto u hotel del país menos en Guayana y Amazonas.**
JULIE BARNES	**¿Y qué necesito hacer para alquilar el carro?**
EMPLEADO	**Tiene que pagar por adelantado. Y se necesitan por lo menos tres años de experiencia en conducir. Ah, sí ... y mínimo veintitrés años de edad.**
JULIE BARNES	**Bueno. Tengo suficiente edad. Aquí tiene mi licencia.**
EMPLEADO	**No, no hace falta enseñar nada aquí, señora. Es allá donde tiene que enseñar**

8

	la licencia y llevarla consigo siempre que conduzca.
JULIE BARNES	¿Y cómo se paga por la gasolina?
EMPLEADO	El coche viene con el tanque lleno y Ud. lo tiene que devolver con el tanque lleno también.
JULIE BARNES	Muy bien. ¿Puedo pagar con tarjeta de crédito?
EMPLEADO	¡Cómo no! Le doy este comprobante, y al llegar allá, Ud. se dirige a la oficina de Servicar allí en llegadas. Con este comprobante le entregan las llaves.
JULIE BARNES	Muy bien. Muchas gracias.

VOCABULARY

alquilar	to hire
a través de	through, via
¿Por cuánto me saldría?	How much would it cost me?
quincena, f.	fortnight
seguro, m.	insurance
impuesto, m.	tax
entregar	to return
recoger	to pick up
sin coste alguno (costo, L. American)	with no charge
cualquier aeropuerto	any airport
menos en	except for
pagar por adelantado	to pay in advance
por lo menos	at least
no hace falta	it is not necessary
siempre que conduzca	whenever you drive
tarjeta de crédito, f.	credit card
comprobante, m.	receipt

8

Exercise 63

Answer the following questions in Spanish:

1 ¿Cuándo compró Julie Barnes su billete para Venezuela?
2 ¿Por qué ha regresado a la agencia?
3 ¿De qué depende el precio del alquiler?
4 ¿Qué coche le interesa a Julie Barnes?
5 ¿Dónde podrá ella recoger el coche?
6 ¿Qué pasa si Julie desea recoger el coche en Guayana?
7 ¿Qué condiciones hay que reunir para poder alquilar un coche en Venezuela?
8 ¿Qué hay que hacer antes de devolver el coche?
9 ¿Cómo va a pagar Julie Barnes el alquiler del coche?
10 ¿Qué tendrá que hacer Julie Barnes a su llegada a Caracas?

8

Lesson 9

You will read about:
- Ecuador and the Galápagos Islands
- Peru and the Nazca lines
- Bolivia and Lake Titicaca

You will study:
- the use of 'el cual, la cual' and 'cuyo, cuya'
- the preposition 'de'
- 'bastante', 'suficiente', and 'demasiado'

ECUADOR

Ecuador debe su nombre a la línea ecuatorial, que pasa por el norte del país.

Como la mayoría de los países de Suramérica, Ecuador es un país de variada topografía, en la cual la cordillera andina es el elemento dominante. Los Andes dividen a Ecuador en tres regiones: la costa, al occidente, entre el Pacífico y la rama occidental de la cordillera; la sierra, entre ésta última y la rama oriental, y el oriente, que se extiende desde las laderas de la rama oriental hasta la selva amazónica.

En la sierra, una de las regiones volcánicas más grandes del mundo, se encuentran famosos gigantes como el Chimborazo (6.267 m), el Cotopaxi (5.897 m) y el Pichincha (4.701 m), en cuyo entorno se encuentra Quito, la capital.

¿Sabía Ud. que ...?

- El quechua, el idioma de los incas, es hablado por casi la mitad de la población del Perú y usado como lengua franca en Ecuador, Bolivia, Colombia, Argentina y Chile. En Bolivia y Perú también se habla el aymará, un idioma preincaico.

- Las islas Galápagos, pertenecientes al Ecuador, albergan los animales más antiguos de la tierra: las tortugas.

- El Titicaca, entre Bolivia y Perú, es el lago más grande de Suramérica y el más alto del mundo.

- Cuzco, en Perú, es la ciudad más antigua del continente americano.

LAS ISLAS GALÁPAGOS

A 1.050 km de la costa ecuatoriana, en el océano Pacífico, se encuentra un grupo de quince islas y cientos de islotes conocidos como el archipiélago Colón, el cual se encuentra sobre el ecuador o muy cerca de él. Las islas llevan el nombre de las tortugas gigantes que habitan algunas de ellas; las Galápagos tambien albergan una variedad de animales singulares, entre los cuales se incluyen iguanas, ciento veintiocho especies de aves (paiños, alcatraces, cormoranes, pelícanos, gaviotas, las catorce especies diferentes de pinzones de Darwin y muchos más), setenta y siete de las cuales son únicas en el mundo.

Las islas estaban deshabitadas cuando los españoles las descubrieron en 1535. Durante los siglos XVI y XVII fueron refugio y despensa de piratas y bucaneros. En el siglo XIX las Galápagos fueron punto de descanso para los buques balleneros de los Estados Unidos y la Gran Bretaña. Varios intentos de colonización fracasaron hasta 1832, cuando el archipiélago fue anexado a Ecuador. Darwin visitó las islas en 1835 y sus hallazgos contribuyeron a confirmar su teoría de la evolución. Desde 1967 existe en el archipiélago una estación rastreadora de satélites.

VOCABULARY

sierra, f.	mountains
ladera, f.	mountain side
entorno, m.	surroundings
cientos	hundreds
islote, m.	rocky island
albergan (albergar)	provide shelter
paiño, m.	petrel
alcatraz, m.	gannet
gaviota, f.	seagull
pinzón, m.	finch
deshabitadas	uninhabited
despensa, f.	larder
punto de descanso, m.	resting point

9

buque ballenero, m.	whaling ship
intento, m.	attempt
fracasaron (fracasar)	failed
hallazgo, m.	finding
estación rastreadora de satélites, f.	satellite tracking station

Exercise 64

Rewrite these sentences filling the gaps with a word or expression from the list provided.

descubiertas, las tortugas gigantes, anexó, Andes, aves, preincaico, visita, el archipiélago Colón, Pichincha

1 El aymará es un idioma ... .
2 El volcán ... está cerca de Quito.
3 Los ... dominan la topografía del Ecuador.
4 Las islas Galápagos también se llaman ... .
5 Lo más característico de las islas Galápagos son ... .
6 En las islas hay setenta y siete especies de ... únicas.
7 En 1832 Ecuador ... de las islas Galápagos.
8 Las islas Galápagos fueron ... por los españoles.
9 La ... de Darwin a las Galápagos le ayudó a confirmar su teoría de la evolución.

9

PERÚ

Perú es el tercer país hispanoamericano en extensión después de Argentina y México. El país presenta una geografía muy irregular y accidentada, la cual da lugar a muchos contrastes físicos: largas cordilleras, elevadas montañas, altiplanos, profundos valles, desiertos y selvas vírgenes. El paisaje, sin embargo, está dominado por los Andes, los cuales dividen al país en tres áreas distintas: la costa, la sierra y la selva.

La costa peruana se encuentra entre la cordillera de los Andes y el océano Pacífico y se extiende por una distancia total de 2.200 km y su anchura varía entre cero – cuando los Andes se precipitan al mar – y 200 km en el norte. En esta costa, rica en pesca, pero árida por falta de lluvia, está Lima, la capital.

La sierra es la región andina, situada en la parte central, la cual aloja a más de la mitad de la población en ciudades como Cuzco y Arequipa. En esta región aún hoy día se utilizan llamas, vicuñas y alpacas para el transporte, la carga y la producción de carne, lana y leche.

La selva peruana, la región más grande y la menos explorada, alberga una inmensa variedad de flora y fauna y un número indeterminado de tribus indígenas.

VOCABULARY

da (dar) lugar	causes
altiplano, m.	plateau
selva virgen, f.	thick (wild) jungle
paisaje, m.	landscape
pesca, f.	fishing, fish
falta de lluvia, f.	lack of rain
aloja (alojar)	houses, shelters

9

LAS LÍNEAS DE NAZCA

Al sur de Lima corren unas líneas absolutamente rectas que aparecen de la nada y terminan abruptamente; corren paralelas y se cruzan, siempre en línea recta; ascienden hacia las cimas de las montañas vecinas y allí se interrumpen súbitamente. Desde el suelo las figuras son imposibles de percibir. Desde el aire aparecen como una extraña colección de diseños cuadrados y triangulares, como las pistas de un moderno aeropuerto. Interpuestas entre estos patrones lineales, se encuentran unas gigantescas figuras en forma de colibrí, mono y araña; otras semejan una iguana de cola muy larga; un pájaro, una rosa, un perro y otras aparecen como un mosaico compuesto de muchos animales. Muchos de estos diseños alcanzan proporciones de hasta 150 metros y parecen haber sido hechos de un solo trazo continuo y conservan perfectamente las proporciones naturales a esta escala.

Existen muchas interpretaciones y teorías sobre el origen y la razón de ser de estos dibujos: caminos incas, símbolos de una religión en la cual predominaban las figuras geométricas, un calendario astronómico o aún, una forma de comunicar mensajes a civilizaciones extraterrestres. Ninguna explicación es totalmente satisfactoria y el misterio de las enigmáticas líneas de Nazca permanece sin descifrar.

Exercise 65

State whether each of the following statements is true (**verdadero**) or false (**falso**):

1 Perú tiene una topografía muy rasa.
2 Lima está en la sierra.
3 La mayoría de la población vive en las montañas.
4 Las llamas, alpacas y vicuñas son sólo bestias de carga.
5 En la selva peruana vive una inmensa variedad de tribus.
6 Las líneas de Nazca continúan por las montañas.
7 Las líneas representan un aeropuerto.
8 Existen varias explicaciones del origen y propósito de las líneas de Nazca.

9

VOCABULARY

de la nada	out of nothing
cima, f.	summit
montañas vecinas, f.	neighbouring
súbitamente	suddenly
diseño, m.	design
pistas, f.	runways
interpuestas	interposed
patrón, m.	pattern
semejan (semejar)	resemble
araña, f.	spider
trazo continuo, m.	continuous stroke
razón de ser, f.	raison d'être
camino, m.	track

BOLIVIA

Durante la época colonial, Bolivia era conocida como Alto Perú, por su similitud topográfica con el país vecino y por tener montañas y altiplanos muy elevados. Después de la independencia, el país tomó su nombre actual en honor al libertador Simón Bolívar. Como los otros países andinos, Bolivia está dividida por los Andes en regiones: en el occidente, entre las dos cadenas andinas se encuentra el altiplano, una de las regiones más elevadas del mundo; al sur y al oriente están los llanos y la selva, casi deshabitados e inexplotados, los cuales constituyen el setenta por ciento del territorio boliviano y que se extienden hasta las fronteras con Perú, Brasil, Paraguay y Argentina; en el altiplano, donde se encuentra La Paz, la capital, vive la mayoría de la población y se hallan grandes yacimientos minerales, especialmente de estaño, plomo, plata, zinc y cobre.

Al igual que la mayoría de los países suramericanos, Bolivia, se vio envuelta en guerras limítrofes con sus vecinos que culminaron en pérdidas territoriales. Durante la guerra del Pacífico (1884) entre Chile, Perú y Bolivia, ésta última perdió su salida al mar. La guerra del Chaco (1935) terminó con la concesión al Paraguay del territorio boliviano del mismo nombre.

LA MÚSICA AUTÓCTONA

La música autóctona suramericana se ha hecho muy popular en todo el mundo en los últimos años. Instrumentos como la quena, el pinkillo, el charango y el siku, de origen incaico y preincaico, son comunes en todos los países andinos, especialmente Bolivia, Perú y Ecuador, y se usan para producir gran variedad de sonidos.

Conjuntos musicales suramericanos como los Calchakis, Inti-illimani y Quilapayún, el grupo irlandés Incantation y muchos otros han contribuido a su difusión.

9 EL LAGO TITICACA

En la frontera peruano-boliviana, a 3.812 metros de altura en el altiplano andino, se halla el lago Titicaca. Tiene una extensión de 8.100 kilómetros cuadrados y una profundidad media de 100 metros y máxima de 280 metros. Las orillas del lago siempre han estado habitadas y sobre sus aguas se ven aún hoy en día las tradicionales barcas de junco hechas por los indios. También se pueden ver barcos de vapor como el 'Yaravi', construido en Escocia en 1862 y el primero que se usó en el lago.

Cuenta la leyenda que en al año 1200, Manco Capac, el hijo del sol, salió de las aguas del lago con su hermana Mama Ocllo, con la cual se casó más tarde. Manco Capac llegó a ser el primer Inca - jefe de los incas - y construyó un imperio muy grande y avanzado. Cada año a orillas del lago, se celebra una fiesta en honor a la aparición de Manco Capac. A unos pocos kilómetros al sureste del lago, se encuentra la ciudad de Tiahuanaco, cuya fama se debe a las ruinas de gigantes estatuas y edificios de piedra. Tiahuanaco, como otras ciudades de la América precolombina, guarda todavía muchos misterios: ¿Qué pueblo construyó esos monumentos y por qué? ¿Cómo lograron levantar unas piedras tan pesadas? ¿Por qué no las terminaron? Y, muy intrigante, ¿por qué abandonaron la ciudad?

VOCABULARY

autóctona	indigenous
quena, f.	South American notched flute
pinkillo, m.	South American whistle flute
charango, m.	South American stringed instrument made from the armadillo shell
siku, m.	South American wind instrument
andinos	Andean
profundidad media, f.	an average depth
barcas de junco, f.	reed boats
barco de vapor, m.	steam boat
a orillas	on the shores
guarda (guardar)	harbours, keeps
construyó (construir)	built
lograron (lograr)	managed

Exercise 66

Rewrite these sentences replacing the words <u>underlined</u> with an appropriate expression from the list provided and changing the form of other words, if necessary.

despoblado, minas, hay una celebración, semejanza, incógnitas, meseta, disputas, originarios, el Libertador

1 Los españoles llamaron a Bolivia el Alto Perú por su <u>similitud</u> con Perú.
2 Bolivia tomó su nombre de <u>Bolívar</u>.
3 El <u>altiplano</u> boliviano es una de las regiones más elevadas del mundo.
4 Setenta por ciento de Bolivia está casi completamente <u>deshabitado</u>.
5 En el altiplano boliviano hay grandes <u>yacimientos minerales</u>.
6 En 1884 y 1935 Bolivia se vio envuelta en <u>guerras</u> limítrofes.
7 La quena, el pinkillo y el siku son instrumentos <u>autóctonos</u> bolivianos.
8 Cada año a orillas del lago <u>se celebra</u> una fiesta en honor a Manco Capac.
9 Tiahuanaco todavía guarda muchos <u>misterios</u>.

9

26 'EL CUAL', 'LA CUAL', 'LOS CUALES', ETC.

El cual, **la cual**, **los cuales**, **las cuales** (equivalent to English 'who', 'which' or 'that') are used with people or things, especially after prepositions. If the person is named, **que** or **quien** is preferred:

Las líneas de Nazca pueden ser símbolos de una religión en la cual predominaban las figuras geométricas.
The Nazca lines might be symbols of a religion in which geometrical figures were predominant.
En las islas habitan una variedad de animales singulares, entre los cuales se incluyen iguanas.

The islands are inhabited by a singular collection of animals, among which are iguanas.

El paisaje está dominado por los Andes, los cuales dividen el país en tres áreas distintas.
The landscape is dominated by the Andes, which divide the country into three different areas.

Este es el aparato sin el cual no puedo oír.
This is the gadget without which I can't hear.

Vino también el médico del cual te hablé.
The doctor (whom) I talked to you about was also here.

Vino también Pedro Gómez, quien es médico.
Pedro Gomez, who is a doctor, also came.

27 'CUYO', 'CUYA', 'CUYOS' AND 'CUYAS'

Cuyo, cuya, cuyos and **cuyas** meaning 'whose', agrees in number and gender with the noun qualified:

Allí se encuentra el Pichincha, en cuyas faldas está Quito, la capital.
There is mount Pichincha, on whose flanks lies Quito, the capital.

The use of **cuyo, cuya, cuyos** and **cuyas** in modern Spanish is almost confined to the written language. In spoken Spanish either a paraphrase using **tener** or the prepositions **con** or **de** are normally used:

Vimos la casa que tiene las ventanas rotas.
Vimos la casa de las ventanas rotas.
We saw the house with the broken windows.

Había muchos indios que tenian el cabello pintado.
Había muchos indios con el cabello pintado.
There were many indians with dyed hair.

These are preferred to:

Vimos la casa cuyas ventanas están rotas.
Había muchos indios cuyos cabellos estaban pintados.

If the main purpose is to define possession, **pertenecer a** is used instead:

Conozco la persona a quien le pertenece este libro.
I know the person whose book this is.

With human subjects **a quien(es)**, **al que**, **a la que**, **a los que**, **a las que** are preferred:

Esto es el tipo a quien/al que le compré el carro.
This is the man whose car I bought.
Teresa, a quien/a la que le acepté el dinero, era muy generosa.
Teresa, whose money I accepted, was very generous.

'Whose?' in a question is always rendered by **¿De quién?**:

¿De quién es este dinero? Whose is this money?

Exercise 67

Translate into Spanish:

1 Whose is that car?
2 He lives with my brother, who works in the same city.
3 He's the man whose wife died yesterday.
4 I am the man whose car has broken down.
5 Perú, which had one of the most advanced pre-Colombian civilizations, is very rich in minerals.
6 The Spaniard who destroyed the Inca civilization was Pizarro.
7 We saw many giant statues whose origin is unknown.
8 That's the girl whose house I bought.
9 Whose instruments are these?
10 The Indians, who don't have much land, are very ingenious.

9

USES OF THE PREPOSITION 'DE'

To indicate possession or geographical location:

la población del Perú	Peru's population
el imperio de los incas	the empire of the Incas
el libro de Juan	John's book

To translate 'of' or 'from':

la mayoría de los países	most of the countries
la rama occidental de los Andes	the west branch of the Andes
a 1.050 km de la costa ecuatoriana	1050 km from the Ecuadorian coast

N.B. **robar, quitar, arrebatar, pedir** take a to mean 'off' or 'from':

Le robaron el reloj al viejo.
They stole the watch from the old man.
Le quité la responsabilidad a Juan.
I took the responsibility off Juan.
Le arrebataron el bolso a la señora.
They snatched the handbag from the woman.
Lo que Juan le pide a su hija es comprensión.
What Juan asks from his daughter is understanding.

To translate 'with', 'by', or 'in', when they introduce the means or instrument of an action:

Jorge se llenó los bolsillos de arena.
Jorge filled his pockets with sand.
Me cogió del brazo.
He took me by the arm.
Están cubiertos de polvo.
They're covered in dust.

To indicate the cause of a reaction:

Juana temblaba de los nervios.
Juana was shivering from nerves.
Gritaron de alegría.
They shouted for joy.
Estoy cansado de ti.
I'm tired of you.

To translate 'about' after certain verbs of communication and opinion:

Le hablé del problema.
I spoke to him about the problem.
Me quejé de la comida.
I complained about the food.
¿Qué opinan Uds. de la guerra?
What do you think about the war?

To indicate in what capacity a person acts:

Trabaja de camarero en Lima.
He works as a waiter in Lima.
Les serví de intérprete.
I acted as their interpreter.
Se graduó de médico.
He graduated as a doctor.

To form compound prepositions:

a causa de	because of
acerca de	about
a fuerza de	by dint of
a pesar de	in spite of
a lo largo de	along, during
en vez de	instead of
en medio de	in the middle of
por medio de	by means of

9

In other adverbial expressions:

de costumbre	usually
de improviso	unexpectedly
de nuevo	again
de prisa	quickly, in a hurry
de una vez	once and for all
de pronto	suddenly
de repente	suddenly
de verdad	really
de acuerdo	agreed
de memoria	by heart
de buena gana	willingly
de mala gana	unwillingly
de buen humor	good humoured
de mal humor	ill humoured
de pie	standing
de luto	in mourning
de negro	in black
de espaldas	with back turned
de viaje	away on a trip
de día	by day
de noche	by night
de turno	on duty

With the words **modo** and **manera**, to form different expressions:

de este modo	in such a way
de tal manera	in this way
de ningún modo/	
de ninguna manera	by no means
de todos modos/	
de todas maneras	at any rate, anyway

9

Exercise 68

Fill the gaps with suitable phrases using the preposition **de**. For example:

El viejecito murió ...
El viejecito murió de repente.

1 Después de la muerte de su esposo, la condesa siempre estaba ... y se vestía ...
2 Los animales nocturnos duermen ... y son activos ...
3 Cuando voy ... siempre me quedo en hoteles donde sirven buena comida.
4 Aunque no estaba ... el policía detuvo al ladrón.
5 Un actor tiene que aprender su parte ...
6 No puedo parar ahora. Estoy ...
7 Se ha reído mucho hoy. Está ...
8 No me pudiste ver porque estabas ... a la ventana.
9 Es tu decisión, pero yo no estoy ...
10 Esto está mal hecho. Hágalo ...

29 'BASTANTE', 'SUFICIENTE' AND 'DEMASIADO'

Note the use of **bastante / suficiente/ suficientemente** (enough) and **demasiado** (too, too much, too many) in the following examples.

As adverbs, they do not change:

Esta casa es demasiado cara para mí.
It's too expensive for me.
Estas cosas son bastante baratas para comprarlas.
These things are cheap enough to buy.
No estoy suficientemente capacitado para esto.
I don't have enough qualifications to do this.

Note that only **suficiente** take the adverbial ending **-mente** when used as an adverb.

Notice their use as adjectives:

Echaste demasiada crema.
You put too much cream in.
No tenemos suficiente café.
We haven't got enough coffee.
Hay bastante dinero.
There is enough money.

Tengo demasiadas preocupaciones.
I have too many worries.
No hay bastantes libros.
There aren't enough books.
Pasamos suficientes horas juntos.
We spend enough hours together.

As pronouns, **demasiado** agrees in gender and number with the noun it replaces, whereas the others agree only in number:

¿Tienes muchos problemas? Sí, tengo bastantes.
¿Hay pocas dificultades? No, hay demasiadas.
No veo muchas personas. Sí, hay suficientes.

Exercise 69

Translate into Spanish:
1 I've eaten enough.
2 It's too heavy to carry.
3 They had too much wine.
4 He has too many problems.
5 This coffee's not got enough sugar.
6 The ladder is tall enough.
7 There are too many people.
8 You're driving too fast.
9 We have enough to learn.
10 Who's got enough money?

El ferrocarril de los Andes

El tren de los Andes va desde Lima, en la costa del Pacífico, hasta Huancayo, al otro lado de los Andes. La línea, que mide sólo 417 kilómetros, pasa por 61 puentes y 66 túneles y para llegar a su punto más alto, un viaje de 171 kilómetros, se tarda cinco horas. Hoy día el ferrocarril sirve más que nada para transportar mercancías entre el centro minero de Cerro de Pasco y Lima, y de vez en cuando lleva algunos turistas.

El paisaje por supuesto que varía con la altura y el viajero puede admirar valles verdes, sierras áridas, volcanes y nevados. Después de cinco horas de vistas variadas, el tren llega a Ticlio, la estación de tren más alta del mundo (4.759 m) y al salir de allí pasa por el túnel Gallera, de 1.176 metros de largo.

Este tren se empezó a construir en 1870 y debe su existencia al estadounidense Henry Meiggs. Las inclinadas pendientes y los cañones estrechos fueron un reto único para Meiggs y su equipo. En algunas partes no había sitio para construir puentes ni viaductos. Además era necesario tener en cuenta la amenaza de las fuertes lluvias y los deshielos. Los puentes tenían que ser muy fuertes y estables, y por esto en su construcción se utilizó hierro y más tarde acero. Los túneles no sólo servían para atravesar las montañas, sino que también evitaban las inundaciones. Meiggs también tuvo dificultades en encontrar obreros que quisieran trabajar en las duras condiciones de los Andes, así que decidió contratar obreros chinos y chilenos, quienes ya le habían ayudado a construir los ferrocarriles de Chile.

Todo el equipo necesario tenía que transportarse en mulas y llamas. El carbón y el hierro tenían que importarse de la Gran Bretaña, lo cual ocasionó muchos retrasos. A más de esto, hubo muchos accidentes y enfermedades que diezmaron el número de trabajadores.

Meiggs murió en 1878 sin ver culminado su proyecto. El tren de los Andes se terminó en 1908, pero fue un proyecto muy costoso no sólo en tiempo y recursos, sino también en el número de vidas que se sacrificaron.

9

VOCABULARY

se tarda	takes (time)	**equipo, m.**	team
(tardar)		**amenaza, f.**	threat
más que nada	mostly	**deshielo, m.**	thaw,
mercancías, f.	goods,		melting
	merchandise	**hierro, m.**	iron
de vez en	from time	**acero, m.**	steel
cuando	to time	**inundación, f.**	flood
por supuesto	obviously,	**obrero, m.**	worker
	of course	**retraso, m.**	delay
viajero, m.	traveller	**diezmaron**	decimated,
vista, f.	view	**(diezmar)**	killed
pendiente, f.	slope	**culminado**	finished
cañon, m.	ravine,	**(culminar)**	
	canyon	**recurso, m.**	resource
reto, m.	challenge		

Exercise 70

Answer the following questions in Spanish:

1 Which country does the 'Ferrocarril de los Andes' cross?

2 Who built the railroad?

3 How many years did it take to build it?

4 What is the highest train station in the world?

5 How far is this station from Lima?

6 How many bridges and tunnels were built?

7 Why did Meiggs have trouble finding workers?

8 How did he solve this difficulty?

9 In which other South American country did Meiggs build a railroad?

10 Why did Meiggs not see his project finished?

9

Lesson 10

You will read about:
- Argentina and Chile
- the Iguazú waterfalls and Easter Island

You will study:
- words for 'and' and 'but' – 'y', 'o', 'pero' and 'sino'
- the prepositions 'a', 'bajo', 'debajo de' and adverb 'abajo'
- 'cuando' and 'donde' used to translate 'that'
- the '-ando' and '-iendo' forms of verbs

ARGENTINA

Argentina es el país más extenso de la América Hispana con una superficie continental de 2.791.810 km² y un litoral sobre el Océano Atlántico de 2.600 km. Los Andes, en el occidente, marcan el límite con Chile. Al norte limita con Bolivia, y con Paraguay en el noreste. El río Uruguay la separa del Brasil y parte del Uruguay. El río de la Plata, que le da su nombre a la región de Buenos Aires, es su vínculo con el Atlántico y Montevideo.

LAS CATARATAS DEL IGUAZÚ

En el sitio donde se unen Argentina, Paraguay y Brasil se encuentran las cataratas del Iguazú, formadas por el torrente del río del mismo nombre, que a lo largo de tres kilómetros se desborda formando unos 275 saltos de alturas que varían entre 60 y 80 metros en un área en forma de herradura de 3 km de anchura. Más de la mitad de estos saltos se hallan en el lado argentino de la frontera y se precipitan dentro de un cañón llamado la Garganta del Diablo. Cuenta la leyenda que las cataratas se formaron cuando un dios guaraní se vengó de un guerrero que huía por el río llevándose a su amada doncella. El dios hizo caer el lecho del Iguazú: la doncella murió ahogada en la catarata y el indio se convirtió en un árbol a orillas del río.

Iguazú significa 'agua grande' en guaraní y las cataratas son eco de su nombre: en la época de lluvias, más de 12.500 metros cúbicos de agua se desgajan cada segundo con un estruendo ensordecedor que se puede escuchar desde la distancia y que silencia el canto de los pájaros, el rugido de los felinos y el susurro de las hojas en el viento. Durante su descenso y al chocar con las rocas al fondo del cañón, el agua se convierte en espuma blanca y en miles de diminutas gotas que forman una pantalla natural en la que permanentemente se proyecta el arco iris. Alrededor de las cataratas, los gobiernos de Argentina y Brasil han establecido parques naturales para preservar la belleza del área y proteger a los animales y las plantas que allí viven. A las cataratas se puede llegar desde Ciudad del Este en Paraguay, Puerto Iguazú en Argentina o Foz do Iguaçú en Brasil.

¿Sabía Ud. que ...?

■ El nombre de Argentina se deriva del latín argentum, que significa plata, porque los españoles buscaron este metal en esta parte del continente.

■ Se dice que los argentinos viven con el fútbol en la sangre, la política en la cabeza y el tango en el corazón.

■ Chile es el país más estrecho del mundo: 4.200 km de largo por un promedio de 190 km de ancho.

■ El desierto de Atacama, en el norte de Chile, es uno de los lugares más inhóspitos del planeta.

VOCABULARY

política, f.	politics
inhóspito	inhospitable
vínculo, m.	link
catarata, f.	waterfall
torrente, m.	river flow
herradura, f.	horseshoe
guaraní	Guarani (indian)
se vengó (vengarse)	took revenge
guerrero, m.	warrior
huía (huir)	was fleeing
doncella, f.	maiden

10

lecho, m.	river bed
se desgajan (desgajarse)	fall (verb)
estruendo ensordecedor, m.	deafening noise
rugido, m.	roar
susurro, m.	rustle
espuma, f.	foam
diminutas	minute
pantalla, f.	screen
arco iris, m.	rainbow

Exercise 71

Against each bracketed number, write a synonym for the <u>underlined</u> words or expressions preceding the number. For example:

Las cataratas del Iguazú son muy famosas (0: bien conocidas).

Las cataratas del Iguazú <u>se encuentran</u> (1: ...) en <u>el sitio</u> (2: ...) donde <u>se unen</u> (3: ...) Argentina, Paraguay y Brasil. El río Iguazú <u>se desborda</u> (4: ...) formando 275 saltos de alturas que varían entre 60 y 80 metros. <u>Cuenta</u> (5: ...) la leyenda que las cataratas las formó un dios guaraní para castigar a un guerrero que <u>huía</u> (6: ...) por el río llevándose a su <u>amada</u> (7: ...) doncella. En <u>la época</u> (8: ...) de lluvias cada segundo <u>se desgajan</u> (9: ...) más de 12.500 metros cúbicos de agua con un <u>estruendo</u> (10: ...) ensordecedor.

EL TANGO

El tango nació en Buenos Aires a finales del siglo XIX, probablemente como una fuerte mezcla y derivación de la milonga argentina, la habanera cubana y el flamenco español. Sus primeras interpretaciones públicas, tanto en Argentina como en Uruguay, aparecen a principios del siglo XX y la música era interpretada por conjuntos compuestos de flauta, piano y bandoneón. El tango se extendió rápidamente por el mundo y en la década de 1920 se estableció como un tipo de baile popular en Europa y los Estados Unidos. El tipo de tango que más fama y arraigo ha logrado en el mundo entero es el tango de Buenos Aires, también conocido como tango rioplatense. En un principio se practicaba solamente en esquinas callejeras y únicamente entre hombres, muchos de quienes vivían en áreas pobres y marginadas, lo que le dio al tango una reputación de machismo y arrabal. Sin embargo el tango básicamente representaba en esa época – y aún hoy día – la dignidad y las aspiraciones de los desclasados que le dieron vida. El tango como danza y canción incorpora rasgos de la música gitana, la vibración callejera del acordeón y la energía del flamenco. Años más tarde se bailó en casas de familia y la mujeres empezaron a tomar parte en la danza.

El tango se estableció fuertemente en Argentina y Uruguay, después de la Primera Guerra Mundial, se extendió a otras partes del mundo y alcanzó una respetabilidad y popularidad enormes en los restaurantes, en las salas de baile y en espectáculos de casi todo el mundo. El cantante y la letra que hasta entonces habían jugado un papel secundario, también ganaron importancia y se convirtieron en ingredientes indispensables del tango.

Entre los cantantes de tango se destaca la figura del argentino Carlos Gardel, el padre del tango. Para los argentinos y los fanáticos del tango en el mundo entero, 'el zorzal criollo' o el 'francesito' – como se lo llamaba – no es sólo sinónimo del tango, sino también sinónimo de una cultura que aún después de 60 años de su muerte lo recuerda y celebra su sin igual contribución al desarrollo y la popularización del tango alrededor del mundo. En cada aniversario de su muerte, la tumba de Gardel en Buenos Aires se cubre de ramos de flores enviados o llevados personalmente por sus seguidores. En Medellín, Colombia, donde Gardel murió en un accidente aéreo el 24 de junio de 1935, existe una de sus más grandes fanaticadas, hay una casa gardeliana, un templo y una estatua en su honor, y cada año se conmemora el

10

aniversario de su trágica muerte con festivales donde se toca, baila y canta la música que Gardel hizo tan popular y que lo hizo a él igualmente famoso. Se dice que ni Gardel ni el tango nunca pasarán de moda.

VOCABULARY

nació (nacer)	to be born
mezcla, f.	mixture
milonga, f.	an Argentinian dance, forerunner of the tango
habanera, f.	Cuban dance
interpretación pública, f.	public showing, performance
era interpretada	(the music) was played
conjuntos, m.	(musical) groups
bandoneón, m.	small accordion
se extendió (extenderse)	expanded
se estableció (establecerse)	established itself
arraigo, m.	enduring popularity
rioplatense	from the Buenos Aires region
en un principio	at the beginning
esquina callejera, f.	street corner
arrabal, m.	slum
desclasados, m.	the underclasses
le dieron vida (dar)	brought it (the tango) to life
rasgo, m.	characteristic
cantante, m.	singer
letra, f.	lyrics
habían jugado (jugar) un papel	had played a role
zorzal, m.	thrush
criollo	local, vernacular
sin igual	unique
desarrollo, m.	development
ramo de flores, m.	bouquet

10

seguidor, m.	follower
fanaticada, f.	fan club
pasar de moda	to go out of fashion

Exercise 72

Answer the following questions in Spanish:

1 ¿De dónde viene el tango más famoso y cómo se llama?
2 ¿Por qué tuvo el tango inicialmente una reputación de machismo y arrabal?
3 ¿Cuál es el tango más conocido?
4 ¿Quién es la figura más destacada del tango y dónde se conmemora su muerte cada año?
5 ¿En qué época se extendió el tango por Europa y Estados Unidos?
6 ¿Qué bailes se mezclaron para dar vida al tango?
7 ¿Qué sentimientos básicos representa el tango?
8 ¿Dónde se encuentra la tumba de Gardel?
9 ¿Cuáles eran los elementos indispensables del tango antes de la Primera Guerra Mundial?
10 ¿Qué instrumentos se usaron inicialmente para interpretar el tango?

10

CHILE

Chile junto con Argentina comparte el cono sur de Suramérica. Es tan estrecho que en algunos sitios a simple vista se puede ver la costa Pacífica desde las cumbres andinas. Ningún otro país del mundo parece estar más aislado: por el norte el desierto de Atacama hace difícil el acceso, mientras que la cordillera de los Andes al este se extiende a todo lo largo de la frontera con Argentina; los glaciares antárticos al sur y el Océano Pacífico al oeste son barreras que hasta hace unos años eran insuperables. Chile posee grandes recursos minerales, especialmente al norte, en el desierto de Atacama, una de las regiones más secas y desoladas del mundo.

VOCABULARY

cono sur, m.	the Southern cone (of South America)
estrecho	narrow
a simple vista	with the naked eye
cumbre, f.	summit
a lo largo de	along

Feature

LA ISLA DE PASCUA

A 3.700 kilómetros de la costa sur de Chile, en el Océano Pacífico, está la Isla de Pascua, que hace parte del archipiélago Polinesio pero que le pertenece a Chile. La isla, formada por tres volcanes inactivos, debe su nombre a un explorador holandés que desembarcó allí el domingo de Pascua en el año 1722. Pocos años más tarde llegaron navegantes españoles, después ingleses y más tarde franceses. Finalmente Chile tomó posesión de la isla en 1888. Los pocos nativos de origen polinesio que aún quedan en la isla la llaman Rapa Nui. Otro nombre que aparece en leyendas antiguas es *Te Pito* o *Te Henua*, que significa ombligo de la tierra.

La fama mundial de la isla de Pascua se debe a la presencia de un gran número de gigantescas estatuas de piedra, las cuales representan figuras humanas con cabezas enormes, orejas y narices muy largas y sin piernas. Las estatuas miden entre tres y doce metros de altura y algunas pesan hasta cincuenta mil kilos.

Hay más de cien estatuas en la isla, algunas de ellas

incompletas. La roca usada en su construcción proviene del cráter Ranu Raraku, donde se encontró una de las más grandes estatuas sin terminar.

Nadie sabe con certeza cómo fue posible construir estas estatuas tan grandes o cómo fueron transportadas desde el lugar de construcción hasta otras partes de la isla, a distancias de doce o más kilómetros. ¿Por cuánto más tiempo va a permanecer el misterio? ¿Cuándo van las estatuas de la isla de Pascua a revelar su secreto?

VOCABULARY

pertenece (pertenecer)	belongs
holandés	Dutch
desembarcó (desembarcar)	landed
domingo de Pascua, m.	Easter Sunday
navegante, m.	sailor
quedan (quedar)	remain
ombligo, m.	navel
proviene (provenir)	originates
certeza, f.	certainty

Exercise 73

State whether each of the following statements is true (**verdadero**) or false (**falso**):

1 La isla de Pascua le pertenece a Chile desde 1722.

2 La isla es famosa por sus enormes figuras de piedra.

3 La estatua completa más grande que se ha encontrado estaba al pie del volcán Ranu Raraku.

4 El origen de las estatuas de piedra es incierto.

5 Las estatuas se transportaron en algunos casos por más de diez kilómetros.

The word **y** is changed to **e** in front of words beginning with the letter **i-** and **hi-**, but not in front of **hie-**. Thus:

francés e italiano	French and Italian
literatura e historia	literature and history

But: **carbón y hierro**   coal and iron

Likewise the word **o** changes to **u** in front of **o-** and **ho-**. Thus:

o él u otro	either he or somebody else
mujer u hombre	woman or man
si ves u oyes algo	If you see or hear anything

If the word 'but' introduces a positive statement in opposition to a previous negative one, it is translated as **sino** rather than **pero**:

No es inglesa sino china.
She isn't English but Chinese.

But if the terms of opposition are not mutually exclusive **pero** or **pero sí** (for emphasis) is used:

No he visto a tu amigo hoy, pero lo voy a ver esta noche.
I haven't seen your friend today, but I'll see him tonight.
No he visto a tu hermano, pero sí he visto a tu hermana.
I haven't seen your brother, but I have seen your sister.

If the verb in the second half of the sentence is omitted, the **sí** can go at the end of the sentence:

No he visto a tu hermano, pero <u>sí</u> a tu hermana.
No he visto a tu hermano, pero a tu hermana <u>sí</u>.

Exercise 74

Fill in the gaps with **y**, **e**, **o** or **u**, **sino** or **pero** as appropriate:

1 ¿Cómo quieres tu whisky? ¿Con soda ... hielo?
2 Con la muerte de Felipe ... Isabel, quedaron sin protección.
3 ¿Cuántos nietos tienes? ¿Siete ... ocho?
4 No son chilenos, ... argentinos.
5 No me gusta la poesía, ... sí las novelas.

31 USES OF THE PREPOSITION 'A'

The preposition **a** is used to mean 'to' with verbs of motion:

Fuimos a las cataratas.
We went to the waterfalls.
Vinimos a divertirnos.
We came to have fun.

to introduce personal objects of verbs:

Vimos a tu amigo.
We saw your friend.
Se marchó llevándose a su amada doncella.
He left taking with him his beloved maiden.

to mean 'into' and 'on to':

Se tiró al agua.
He dived into the water.
Salí a la calle.
I went out onto the street.

to indicate 'a point in time':

a las tres	at three o'clock
al día siguiente	the next day
A la media hora salió.	After half an hour he left.
Al verme, se fue.	When he saw me, he left.

to indicate 'where' in limited situations:

a la derecha/ mano derecha	on the right
al borde / a orillas de	on the edge/banks of
al lado de	at the side of
al pie / fondo de	at the foot/bottom of
al sur (este, norte, oeste) de	to the south (east, north, west) of
al sol, a la sombra	in the sun, in the shade
a la mesa / puerta	at the table/door
a diez metros de mi casa	ten metres from home

to express 'at a price or rate':

a dos euros el kilo	two euros a kilo
dos veces a la semana	twice a week
al diez por ciento	at ten per cent

after nouns of emotion:

el amor (odio) al trabajo	love / hatred for work
el miedo a la pobreza	fear of poverty
la afición a la política	fondness for politics

in the following expressions:

a caballo	on horseback
a mano	by hand
a ciegas	blindly
a solas	alone
a mi modo de ver	to my mind
a mi juicio	in my judgement
a causa de	because of
a pesar de	despite
a pie	on foot
a máquina	by machine
a tientas	gropingly
a todo correr	at full speed
a mi parecer	in my view
a lo largo de	along
a fuerza de	by dint of
a través de	across

These three sound similar and need careful handling.

Abajo means 'downstairs' or 'there below' and is the opposite of **arriba**:

La cocina estaba abajo, el dormitorio arriba.
The kitchen was below (e.g. on the ground floor), the bedroom upstairs.

As an adverb it cannot be used to introduce a noun, but is used in certain noun phrases such as:

los de abajo	the underdogs, or the people in the flat below
cuesta abajo	downhill
río abajo	downstream

Bajo and **debajo de** are prepositions and as such introduce nouns. Both can mean 'under', 'below', and 'beneath':

Un túnel bajo el Estrecho de Gibraltar.
A tunnel under the Straits of Gibraltar.
Trabajan bajo tierra.
They work below ground.
Debajo de las Pampas hay mucha agua.
There's a lot of water under the Pampas.

But **bajo** is also used in a figurative sense, when the meaning is not physically 'underneath':

bajo juramento	under oath
bajo presión	under pressure
bajo llave	under lock and key
bajo lluvia	in the rain
bajo Perón	under Peron
bajo el mando de	under the command of
bajo el pretexto de	under the pretext of
bajo los auspicios de	under the auspices of

33 TRANSLATING 'IT WAS THEN THAT' AND 'IT WAS THERE THAT'

When defining a place or time in such phrases, the word 'that' in English is colloquially translated as **que** in Spanish, but **cuando** and **donde** are also used. Both are correct:

Fue por allí donde/que vivían los indios guaraníes.
It was there that the Guarani indians lived.
Fue entonces cuando/que se cambió su estilo de vida para siempre.
It was then that their lifestyle changed irrevocably.

Exercise 75

Translate into English:

1 Le tiene pavor a la oscuridad.
2 El testigo declaró bajo juramento.
3 Sucedió bajo la dominación romana.
4 Prefirieron hacerlo a mano.
5 Las ruinas están a diez kilómetros de aquí.
6 La ceremonia tuvo que llevarse a cabo bajo la lluvia.
7 Los niños les tienen miedo a los perros.
8 Eran las nueve cuando llegamos.
9 El gerente tiene el dinero bajo llave.
10 Los venden a cinco pesos el kilo.

10

Exercise 76

Translate into Spanish:
1 To my mind it's better to walk.
2 They rested under a tree.
3 My brother is very afraid of his teacher.
4 I prefer to write my letters by hand.
5 We went to France and Italy.
6 It was here that he died.
7 She used to live at the foot of the hill.
8 My grandmother lives downstairs.
9 He loves his daughter-in-law.
10 They live on the banks of the Tajo.

34 THE -ANDO, -IENDO VERB FORMS

The **-ando, -iendo** forms can be used on their own to express:

temporal or causal ideas:

Siendo una de la región más ricas, permite la crianza del ganado.
Being one of the richest areas, it allows the raising of cattle.
Teniendo tantas armas les fue fácil vencer a los indígenas.
Having so many weapons it was easy for them to defeat the indians.

the manner of an action:

El guerrero huyó llevándose a la doncella.
The warrior escaped taking the maiden with him.
Entró cantando una canción.
He came in singing a song.
Nos llegó volando. It arrived in no time.
Salió gritando. He went out screaming.

the means by which an action is performed:

Demostró su destreza construyendo su propia casa.
He demonstrated his skill by building his own house.
Se llega a ser rico trabajando mucho.
One becomes rich by working hard.

After prepositions the -ing form in English is never translated as **-ando /-iendo** in Spanish, but as infinitives:

antes de salir before leaving
sin saberlo without knowing

Verbal nouns are also translated as infinitives:

El ir y venir de la gente.
The coming and going of people.
Me gusta bailar.
I like dancing.

Exercise 77

Provide the appropriate form from those indicated in brackets:

1 Después de … las manos, empezó a preparar la comida. (lavarse, lavando)
2 Como le gusta mucho … , va a menudo a las discotecas. (bailar, bailando)
3 A pesar de su accidente, sigue … a caballo. (montar, montando)
4 Por … tan cansado, no pude concentrarme. (estar, estando)
5 El corredor llegó a la meta … . (caminar, caminando)
6 Me encanta … música en la radio. (escuchar, escuchando)
7 Perdió su empleo por … enfermo. (estar, estando)
8 El bañista se dirigió a la isla … . (nadar, nadando)
9 El león hambriento anda … a quien devorar. (buscar, buscando)
10 El pájaro atravesó el parque … . (volar, volando)

Exercise 78

Translate into Spanish:

1 On finishing her homework, she discovered she now understood.
2 We are talking about the economy.
3 Before dying, the prisoner confessed his crime.
4 He is not running very fast this year.
5 She is not feeling well.
6 Without seeing the letter I cannot decide anything.
7 My favourite pastime is going to the theatre.
8 After winning the lottery, he started drinking.
9 He is working hard on his new book.
10 The little girl took the medicine without crying.

LISTENING PRACTICE

Los Mapuches

Todo el mundo sabe algo de los aztecas de México, los incas del Perú y los mayas de Centroamérica. Pero ¿quién ha oído hablar de los mapuches o araucanos? Poca gente, tal vez, con la excepción de los habitantes del centro y sur de Chile. Los mapuches (la palabra viene *mapu* 'tierra' y *che* 'hombre'), resistieron la conquista española con gran valor durante trescientos años.

En 1535, cuando llegaron los conquistadores españoles, los mapuches eran la tribu más importante de la región que hoy se conoce como Chile. Había alrededor de un millón de ellos y se dedicaban a la agricultura, la ganadería, la cerámica y los tejidos. Vivían en una sociedad comunitaria, en pequeñas agrupaciones familiares que compartían todo – tierra, herramientas y cosechas. No tenían gobierno central, ni jefes permanentes, ni rangos militares. La autoridad más importante era el padre

10

de familia; en situaciones de emergencia las familias se reunían para elegir un jefe temporal. El espíritu de solidaridad de la comunidad y su valor en defender su tierra fueron dos factores importantes que explican su valentía en la resistencia.

La llegada de los incas, ochenta años antes de la de los españoles, dividió en dos a los mapuches. Los mapuches que vivían al norte sucumbieron rápidamente a los españoles. Al sur, sin embargo, los conquistadores encontraron un pueblo unido, que nunca había sido dominado, ni estaba acostumbrado a pagar tributos por su tierra.

Además, a diferencia de otras razas, no tenían miedo de los caballos y las armas de fuego, y sí desarrollaron nuevas formas de lucha para resistir al ejército español. Los españoles los llamaron *araucanos*, probablemente de *rauca*, que significa 'lugar de agua' en mapuche, por la abundancia de lagos en el centro y sur de Chile.

Hoy en día, casi no hay mapuches en el norte de Chile. Pero en la región del centro y sur viven todavía unos 300.000. Son muy pobres y muchos buscan trabajo en las ciudades como criadas o camareros o bien en las minas de carbón. El resto son campesinos. Los araucanos han mantenido su idioma, sus vestidos típicos, su artesanía, algunas formas de organización social, sus 'machis' (un tipo de sacerdote), su juego nacional 'la chueca' (muy parecido al *hockey* inglés) y también la esperanza de que un día puedan recuperar su dignidad.

10

Exercise 79

Answer the following questions in Spanish:

1 ¿Qué significa 'mapuche'?

2 ¿Por cuántos siglos lucharon los mapuches contra los españoles?

3 ¿Cuántos mapuches había a la llegada de los españoles?

4 ¿Cuál era la autoridad más importante de la sociedad mapuche?

5 ¿Qué hecho dividió a los mapuches?

6 ¿Cómo llamaron los españoles a los mapuches?

7 ¿Cómo se llama el juego nacional de los mapuches?

8 ¿De qué se emplean los mapuches en las ciudades?

Key to exercises

Lesson 1

Exercise 1: 1 La Meseta Central es la altiplanicie más extensa de Europa Occidental. 2 La Meseta ha tenido mucha influencia en la historia de España. 3 En la Meseta Septentrional hay numerosas reliquias de muchas culturas. 4 Muchos escritores famosos han dedicado sus mejores obras a Soria. 5 Castillla-La Mancha es el país de Don Quijote. 6 Los ríos de La Mancha frecuentemente no corren. 7 La Meseta Meridional tiene poca lluvia. 8 Guadalajara es una referencia morisca al río Henares. 9 Madrid es la capital de España. 10 Toledo sintetiza todo lo que es genuinamente español.

Exercise 2: 1 Verdadero. 2 Falso. Duró 21 años. 3 Falso. Se construyó sobre una colina de escoria. 4 Falso. La batalla de San Quintín cayó en esta fecha. 5 Verdadero. 6 Verdadero. 7 Falso. Los de Felipe II, sí. 8 Verdadero. 9 Falso. Contuvo la biblioteca más grande de su época. 10 Verdadero.

Exercise 3: 1 Castilla debe su nombre a sus numerosos castillos. 2 Castilla fue originalmente un reino. 3 Los castillos manchegos se han preservado gracias a acción gubernamental y a esfuerzos particulares. 4 Los castillos manchegos son testigos de la Reconquista. 5 Muchos castillos sirven de vivienda. 6 El castillo de Villaviciosa es un parador. 7 Algunos castillos como el de la Mota se destinan a usos educativos. 8 El origen de los castillos manchegos se mezcla con las leyendas de caballería.

Exercise 4: 1 Verdadero. 2 Falso. Pensó que era buena suerte. 3 Verdadero. 4 Falso. Porque sólo era un escudero. 5 Verdadero. 6 Falso. Lo vio como invitación a la batalla. 7 Falso. Se quedó observando. 8 Falso. Con su lanza. 9 Falso. Lo ayudó a montar a Rocinante. 10 Falso. A buscar más aventuras.

Exercise 5: 1 Siento mucho que el libro sea tan caro. 2 Lamento tener que irme ahora. 3 Se arrepiente de su decisión. 4 ¿No sientes que tu equipo no haya ganado? 5 Sintieron mucho habernos ofendido. 6 Nadie se arrepiente de eso más que yo. 7 Sentimos mucho que no se sienta bien. 8 Lamenta no haber puesto una oferta por la casa. 9 Ella lamenta que él no le hubiera dicho a tiempo. 10 Siento mucho que hayas / haya perdido el vuelo.

Exercise 6: 1 No se preocupe. 2 ¡Qué vergüenza! 3 No importa. 4 No pasa nada. 5 No se preocupe. 6 No importa. 7 ¡Qué vergüenza! 8 No pasó nada. 9 Sí, ¡discúlpame! 10 No te preocupes.

Exercise 7: 1 Un día. 2 Los visigodos. 3 Los musulmanes.
4 Es el único edificio intacto de la era musulmana. 5 Mezcla
motivos árabes y cristianos. 6 Porque es una sinagoga. 7 Del arte
y la arquitectura góticos. 8 Por las pinturas del Greco. 9 La
plaza de Zocodover. 10 El Alcázar.

Lesson 2

Exercise 8: 1 Cataluña está acuñada entre Francia y el resto de
España. 2 El catalán es un idioma hermano del español.
3 Cataluña es la primera región comercial de España. 4 Como
los vascos, los catalanes buscan su autonomía. 5 Las industrias
catalanas son el motor de la economía local. 6 Montserrat se
encuentra a casi 35 kilómetros de Barcelona. 7 Las rocas han
sido erosionadas por la lluvia y el viento. 8 Montserrat contiene
una colección de libros enorme. 9 Las formaciones rocosas le
dan al monasterio una apariencia maravillosa. 10 Montserrat es
el monumento catalán por excelencia.

Exercise 9: 1 Gaudí es el arquitecto catalán de más fama.
2 A los 15 años, Antonio Gaudí publicó sus primeros bosquejos.
3 La Sagrada Familia es la obra más conocida de Gaudí. 4 Las
torres fueron construidas siguiendo principios acústicos. 5 La
Sagrada Familia es a la vez gótica y moderna. 6 La Sagrada
Familia fue una creación propia de Gaudí. 7 Muchos arquitectos
no quieren que se continúe su construcción. 8 La catedral todavía
no está acabada. 9 Según algunos seguidores de Gaudí, la
construcción no puede ser continuada por otros. 10 En la
Sagrada Familia Gaudí quiso integrar la arquitectura con las artes.

Exercise 10: 1 Verdadero. 2 Falso. Estudió en Madrid.
3 Verdadero. 4 Falso. Dalí pintó cuadros religiosos. 5 Verdadero.
6 Falso. Prefiere a los holandeses. 7 Falso. G. Dou mismo hizo
dobles de sus pinturas. 8 Verdadero. 9 Verdadero. 10 Verdadero.

Exercise 11: 1 Conocimos a una familia francesa. 2 Tengo dos
amigos cordobeses. 3 Las irlandesas por lo general son
extrovertidas. 4 Estas chicas son catalanas. 5 El equipo de fútbol
madrileño ganó el campeonato. 6 Hay más botes pesqueros
españoles que ingleses. 7 Los jugadores de rugby escoceses y
galeses son muy fuertes. 8 Hasta las barcelonesas son muy
aficionadas al fútbol. 9 Los políticos estadounidenses, alemanes
y japoneses se reunieron en Washington. 10 La música cubana
es muy popular.

Exercise 12: 1 Los hermanos Wright eran estadounidenses. 2 Francisco Franco era gallego (español). 3 Simón Bolívar era venezolano. 4 Las hermanas Bronte eran inglesas. 5 Lenin era ruso. 6 Cristóbal Colón era italiano. 7 Dante era italiano. 8 Cervantes era español. 9 Beethoven era alemán. 10 Juana de Arco era francesa.

Exercise 13: 1 Durante los siglos XVI y XVII los conquistadores lograron colonizar las Américas. 2 En el siglo XV los españoles consiguieron reconquistar la Península. 3 En 1995 Miguel Indurain logró ganar su quinto Tour de Francia. 4 Mientras estuvo apresado por los moros, Cervantes pudo escaparse repetidas veces. 5 En 1981 el Rey Juan Carlos consiguió disuadir al ejército de apoyar el golpe. 6 En el año 711 los moros invadieron España y lograron conquistar casi toda la Península. 7 Aníbal con su ejército y elefantes pudo atravesar los Pirineos. 8 Cristóbal Colón consiguió obtener el apoyo de los Reyes Católicos. 9 En julio de 1995 Arantxa Sanchez-Vicario no pudo ganar la final de tenis de Wimbledon. 10 La democracia española logró sobrevivir el golpe militar.

Exercise 14: 1 Volvieron a salir para la oficina. 2 Volvió a hacer lo mismo. 3 Volvimos a empezar a trabajar. 4 Vuelve a poner el disco. 5 Volvieron a tocar la pieza. 6 Volvimos a jugar al ajedrez. 7 Volvieron a comprar demasiada comida. 8 ¿Volviste a estudiar el texto? 9 ¿Volviste a poner la carta en el buzón? 10 No volví a tomar leche.

Exercise 15: 1 Trata/trate(n) de recordar mi número de teléfono. 2 Probamos muchos vinos diferentes. 3 (Ella) se probó seis pares de zapatos. 4 (El) se esforzó mucho, pero no pasó la entrevista. 5 No es difícil – ¡inténtalo! 6 ¿Por qué no tratas/trata(n) de venderlo? 7 La corbata que se probó era muy cara. 8 Los alumnos deben esforzarse más. 9 No trate de engañar al policía. 10 ¿Quién va a tratar de ganar la carrera?

Exercise 16: 1 A 140 kilómetros. 2 Alp. 3 Por la carretera N-152. 4 Las máquinas pisapistas. 5 Todos, tanto el simple aficionado como el esquiador de competición. 6 De diciembre a abril. 7 Aparcamiento y gasolinera. 8 Todo el tiempo. 9 Las largas colas. 10 Compatibilidad en los pases.

Lesson 3

Exercise 17: 1 Andalucía es el área más extensa de España.
2 Doñana es una reserva natural. 3 Es una altiplanicie regada
por el Guadalquivir. 4 Andalucía tiene el promedio de lluvia
más alto de Europa. 5 Muchas civilizaciones se establecieron en
la Península. 6 La Sierra Nevada tiene las cimas más altas de la
Península. 7 En Andalucía hay vestigios de muchas culturas.
8 La ocupación árabe de España duró ocho siglos. 9 Andalucía
ha producido muchos literatos. 10 Las procesiones y romerías
de Semana Santa son manifestaciones religiosas.

Exercise 18: 1 Izvila fue el nombre que los árabes le dieron a
Híspalis. 2 Giraldilla es el nombre de una estatua. 3 La Torre del
Oro se construyó originalmente para la defensa de Sevilla.
4 Sevilla era un a ciudad próspera en los siglos XVI y XVII.
5 La tumba de Cristóbal Colón se encuentra en la catedral de
Sevilla. 6 Los jardines y barrios le dan a Sevilla un ambiente
único. 7 'Carmen', la ópera de Bizet, se desarrolla en Sevilla.
8 Para la feria de abril, Sevilla se cubre de luces. 9 Antonio
Nebrija fue el primer gramático español. 10 Miguel de
Cervantes estuvo encarcelado en Sevilla.

Exercise 19: 1 Falso. Fue construida en el siglo II a.C.
2 Verdadero. 3 Falso. La conquista musulmana se limitó a la
parte sur de España. 4 Verdadero. 5 Falso. Mandaron construir
una capilla. 6 Verdadero. 7 Verdadero. 8 Verdadero. 9 Verdadero.
10 Falso. Es un estilo que se aplica a muchos otros materiales.

Exercise 20: 1 Seco y benigno. 2 Al sudeste. 3 Porque es mitad
árabe y mitad cristiana. 4 Dos siglos. 5 En el siglo XI. 6 Colina
roja. 7 Militar, administrativo, palatino y religioso. 8 El Generalife.
9 Fue una residencia de recreo y descanso de los reyes nazaritas.
10 Boabdil.

Exercise 21: 1 Falso. En España. 2 Falso. Fueron perseguidos.
3 Verdadero. 4 Verdadero. 5 Verdadero. 6 Verdadero. 7 Verdadero.
8 Falso. Pueden serlo. 9 Verdadero. 10 Falso. Solamente lo ha
sido desde el siglo XIX.

Exercise 22: 1 Es ridículo que nosotros nos quedemos solos.
2 Está triste de que su padre no haya querido asistir a su boda.
3 Daba vergüenza que ella se comportase / comportara así.
4 Me alegro de que Juan nos haya pedido ayuda. 5 Parece raro

que ellos tarden / hayan tardado tanto en volver. 6 Estaban
sorprendidos de que nosotros hubiéramos llegado tan tarde.
7 ¿Te parece justo que Pedro haya heredado todo?
8 Se extrañaron de que nosotros nos riéramos tanto.
9 ¿Te duele que Alberto no te escriba / haya escrito?
10 Es absurdo que tus padres no te permitan salir de noche.

Exercise 23: 1 Es posible que mi hijo salga temprano. 2 Juana
estaba contenta de que Miguel le prestara el libro. 3 Es una
lástima que todos estén enfermos. 4 ¿Qué te parece que yo
sirva de mediador? 5 Me parece imposible que no hayas
entendido. 6 No es raro que te reconozca. 7 Me molesta que
hables mal de sus padres. 8 Fue increíble que se encontraran de
nuevo. 9 Sentimos mucho que se fuera tan pronto. 10 Era
natural que lo quisiera tanto.

Exercise 24: 1 Un cristiano que vivía entre árabes. 2 Su vitalidad
creadora. 3 Clásica, cristiana, judía y musulmana. 4 Alfonso X.
5 La preservación y difusión de las mejores ideas y obras de las
civilizaciones griega, judía y árabe. 6 Una cultura creadora y
de altas dotes estéticas. 7 Unos centenares de palabras.
8 Guadi. 9 Río. 10 Las dos se derivan de la palabra árabe que
significa puente.

Lesson 4

Exercise 25: 1 Los habitantes del País Vasco conservaron su
raza, costumbres e idioma por estar aislados. 2 El nombre vasco
de Alava, Vizcaya y Guipúzcoa es Euskadi. 3 El País Vasco es
una región más que todo industrial. 4 Los vascos son
genéticamente singulares en todo el mundo por su tipo de
sangre y su mandíbula. 5 El idioma vasco o vascuence también
se conoce como Euskera, su nombre vasco. 6 El proyecto de la
universidad de Standford tiene como fin trazar el árbol
genealógico humano. 7 Se cree que los vascos son los únicos
europeos que descienden del Paleolítico. 8 El origen del Euskera
es desconocido. 9 Los lapones, sardos e islandeses proceden del
Neolítico. 10 La idea de raza es un estereotipo cultural.

Exercise 26: 1 Falso. Es Málaga. 2 Falso. Por su obra 3 Verdadero.
4 Verdadero. 5 Falso. No era famoso. 6 Falso. Por haber pintado
el Guernica. 7 Verdadero. 8 Verdadero. 9 Verdadero.
10 Falso. A España.

Exercise 27: 1 Miguel Induráin es un ciclista vasco. 2 Cada latido puede impulsar más de un litro de sangre. 3 Sus pulmones son capaces de contener siete litros y medio de aire. 4 Induráin no completó la prueba. 5 Sus piernas pueden producir 500 vatios de potencia. 6 Esta vez abandonó la prueba. 7 Induráin ganó el tour de Francía 5 veces seguidas. 8 Induráin ganó muchas victorias. 9 Induráin es un deportista único. 10 Para ser un campeón, es necesario tener una constitución física perfecta.

Exercise 28: 1 Verdadero. 2 Falso. Era de familia rica y noble. 3 Falso. Una tras la otra. 4 Verdadero. 5 Verdadero. 6 Falso. Ocurrió después de colgar sus armas y confesar sus pecados. 7 Verdadero. 8 Falso. A los cuarenta y siete. 9 Falso. Fue elegido general. 10 Verdadero.

Exercise 29: 1 No me atrevo a hablar español. 2 Convenimos en salir para San Salvador mañana. 3 Me acuerdo de habértelo dado ayer. 4 Sueño con ganarme la lotería. 5 No dejes de escribirnos cada semana. 6 En la fiesta no tardó en aparecer el vino. 7 Acabamos de verlo cruzar la calle. 8 ¿Quién te enseñó a tocar el piano? 9 ¿Por qué insiste tanto en servirnos vino? 10 Mi amigo terminó por comprar una bicicleta.

Exercise 30: 1 The day he/she died, his/her daughters could not stop crying. 2 He/she set off running when he/she heard his/her name. 3 When the phone rang again, I refused to answer. 4 I am about to leave for Madrid. 5 I thought I had seen him several times before. 6 He/she never stops telling us what she/he has done. 7 You were right to say nothing. 8 I got tired of always eating the same thing. 9 It was yesterday that he/she started to feel ill and to insist on going back home. 10 There was no way to make her understand that she should not go.

Exercise 31: 1 De la Edad Media. 2 En España y Francia. 3 Jai alai. 4 La cancha de la pelota vasca. 5 Porque la pelota puede alcanzar velocidades de hasta 300 km/h.

Lesson 5

Exercise 32: 1 Falso. El resto de España sí. 2 Verdadero. 3 Falso. El idioma gallego no es celta. 4 Verdadero. 5 Verdadero. 6 Falso. A partir del siglo IX. 7 Verdadero. 8 Falso. Orense no es un puerto. 9 Falso. Finisterre es Galicia y el nombre de un cabo. 10 Verdadero.

Exercise 33: 1 Desde el siglo IX, se inventaron apariciones de Santiago. 2 Santiago de Compostela rivalizaba con Roma y Jerusalén. 3 Los peregrinos procedían de regiones muy lejanas de Europa. 4 La Ruta Jacobea atraviesa las provincias de Navarra, Logroño y León, entre otras. 5 Aymeric Picaud escribió una guía turística. 6 Después de setecientos kilómetros, el camino conducía a los peregrinos a la catedral de Santiago. 7 Las peregrinaciones ayudaron a la difusión de la cultura europea. 8 Como peregrinos, los delincuentes podían acortar su sentencia. 9 El símbolo de los Jacobitas era una concha. 10 Entre los Jacobitas se incluyen personajes famosos.

Exercise 34: 1 Según la tradición, Santiago está enterrado en la ciudad que lleva su nombre. 2 Compostela podría tener su origen en la palabra latina que significa 'cementerio'. 3 Las apariciones de Santiago fueron aprovechadas por los cristianos para reforzar la moral de sus tropas. 4 El prestigio del santo patrón de España sirvió para atraer a muchos peregrinos a Santiago a partir del siglo X. 5 La construcción de la catedral se empezó a principios del siglo XI. 6 El Pórtico de la Gloria contiene esculturas que narran la historia de la religión cristiana. 7 La catedral se purifica con incienso. 8 El Año Santo Compostelano se celebra cuando el 25 de Julio cae en domingo. 9 Las gaitas gallegas proveen la música durante las celebraciones. 10 El humo del incensario se eleva y llena la iglesia de un olor reverente.

Exercise 35: 1 Si llovía, pasábamos las tardes jugando a las cartas. 2 Se lo daré a mi padre si lo vuelvo a ver. 3 Si fuera/fuese verdad lo que dice, yo no le prestaría más dinero. 4 Si mis padres hubieran/hubiesen venido ayer, podríamos haber hablado con ellos. 5 Eso no te habría pasado, si hubieras/hubieses tenido más cuidado. 6 Sería más simpática si fuera/fuese un poco menos tímida y se vistiera/vistiese mejor. 7 Si te casaras/casases con Ana, su madre se pondría muy contenta. 8 Yo no me habría dejado engañar así, aunque me hubiera/hubiese ofrecido el mundo. 9 Si apruebas el examen yo quedaré satisfecha. 10 Si tú hubieras/hubieses llegado a tiempo, yo no habría tenido que ir a la policía.

Exercise 36: 1 No sé si esto es verdad. 2 No nos habríamos preocupado si hubiéramos/hubiésemos sabido que todo estaba bien. 3 Si él tuviera/tuviese razón, tendríamos que aceptar su idea. 4 Si ella hubiera/hubiese entrado a/en la casa, lo habría visto. 5 Si me esforzara/esforzase más, tendría más éxito.

6 Si yo no hubiera/hubiese tomado tanto anoche, no tendría dolor de cabeza. 7 Si quieres, ven a cenar el sábado por la noche. 8 Si le gusta, ella puede quedarse con ella. 9 Si alguien llama, no abras la puerta. 10 Si ellos no hubieran/hubiesen venido temprano, no los habríamos visto.

Exercise 37

Infinitive	Tú	Ud.	Vosotros/as	Uds
escribir	escribe	escriba	escribid	escriban
meter	mete	meta	meted	metan
trabajar	trabaja	trabaje	trabajad	trabajen
correr	corre	corra	corred	corran
peinarse	péinate	péinese	peinaos/ peinaros	péinense
bañarse	báñate	báñese	bañaos/ bañaros	báñense

Exercise 38: 1 Ayúdenos. 2 Idos/Iros. 3 Cásate. 4 Venid/Venir. 5 Cómprelo. 6 Dímelo. 7 Venid/Venir esta tarde. 8 Llámenme a las diez. 9 Olvidadlo/Olvidarlo. 10 Coman algo.

Exercise 39: 1 No nos ayude. 2 No os vayáis. 3 No te cases. 4 No vengáis. 5 No lo compre. 6 No me lo digas. 7 No vengáis esta tarde. 8 No me llamen a las diez. 9 No lo olvidéis. 10 No coman nada.

Exercise 40: 1 Por su gran variedad. 2 Jamón, carne de vaca, gallina, chorizo, grelos o repollo, patatas y garbanzos. 3 Para la Navidad. 4 La suavidad del pan y la variedad del relleno. 5 El pescado y los mariscos. 6 Las truchas, los salmones, las angulas, las anguilas y los sábalos. 7 En el percebe. 8 El pulpo *a la feira*. 9 Lo que se quiera poner. / De todo. 10 El lacón con grelos.

Lesson 6

Exercise 41: 1 La Sierra Madre Oriental, la Sierra Madre Occidental y Sierra Madre del Sur. 2 La montaña humeante. 3 El nombre oficial del país, Estados Unidos de México. 4 Por sus contrates y porque todo en México es genuinamente mexicano. 5 Es el nombre del dios azteca de la guerra. 6 En el siglo XIX. 7 España. 8 En las áreas desérticas del norte y en los llanos de Yucatán.

Exercise 42: 1 En México hay ruinas de muchas culturas.

2 Palenque da muestras de una arquitectura muy fina.
3 Los vestigios de Palenque datan de los siglos VII y VIII.
4 Las pirámides mayas se usaban como sepulcros.
5 No se sabe por qué la civilización maya se extinguió. 6 Los mayas y los aztecas usaban el cacao como alimento. 7 El maíz es la base de la alimentación mexicana. 8 En México hay mas de cuatro mil variedades de maíz. 9 El tequila se saca del maguey.

Exercise 43: 1 Falso. Solamente de viento y percusión. 2 Falso. Llevaron instrumentos de cuerda. 3 Verdadero. 4 Verdadero. 5 Falso. Son músicos y la música que tocan. 6 Falso. En toda clase de celebraciones y fiestas. 7 Verdadero. 8 Verdadero. 9 Verdadero. 10 Falso. Se escucha en todas partes del mundo.

Exercise 44: 1 La frontera de México con Estados Unidos tiene más de tres mil kilómetros de longitud / de largo. 2 El litoral de México tiene más de diez mil kilómetros de longitud / de largo. 3 El Orizaba tiene cinco mil setecientos metros de altura / de alto. 4 México es el segundo país más extenso de Hispanoamérica y el más poblado de todos. 5 México D.F., con más de veinte millones de habitantes (en 2002) es la ciudad más poblada del mundo. 6 El Museo Nacional de Antropología de México es uno de los mejores museos arqueológico-antropológicos del mundo.

Exercise 45: Manzanillo está a trescientos cincuenta al oeste/ occidente del Distrito Federal. Mérida se encuentra a ochocientos kilómetros al este/oriente del Distrito Federal. Acapulco está doscientos noventa y cuatro kilómetros al sur del Distrito Federal.

Exercise 46: El Amazonas es el segundo río más largo del mundo. El Everest es la montaña más alta del mundo. Bogotá es la tercera capital más alta del mundo.

Exercise 47: 1 ¡Qué ciudad más/tan limpia! 2 ¡Qué canciones más /tan románticas! 3 ¡Qué problema más/tan grande! 4 ¡Qué coche más/tan lujoso! 5 ¡Qué casas más/tan caras! 6 ¡Qué ruinas más/tan antiguas! 7 ¡Qué montaña más/tan alta! 8 ¡Qué descubrimiento más/tan importante! 9 ¡Qué comida más/tan variada! 10 ¡Qué espectáculo más/tan interesante!

Exercise 48: 1 Este plato es fácil de preparar. 2 Este rompecabezas es difícil de armar. 3 Este problema es imposible de resolver. 4 El coche es complicado de reparar. 5 Palenque no es fácil de visitar. 6 No fue fácil pintar ese cuadro. 7 Será posible predecir el resultado. 8 Es difícil interpretar la novela clásica moderna.

9 Es completamente imposible entender tu letra. 10 Es difícil
descifrar las inscripciones en las pirámides.

Exercise 49: 1 La codicia de los conquistadores y la ingenuidad
de los aztecas. 2 Porque Cortés llegó a México en la época en
que se esperaba el regreso del dios Quetzacóatl, según la
leyenda. 3 Moctezuma le ofreció regalos y hospitalidad.
4 Se comunicaron por intermedio de una indígena llamada
Malinche, quien sirvió de intérprete entre Cortés y los aztecas.
5 Cortés lo hizo prisionero. 6 Porque querían vengarse de
Moctezuma por haberlos subyugado. 7 La pólvora y los
caballos. 8 Porque habían capturado a Moctezuma. 9 Los
españoles llamaron el 30 de junio de 1520 "la Noche Triste"
porque esa noche murieron muchos soldados españoles a manos
de los aztecas. 10 Muchos murieron a manos de los aztecas;
otros se ahogaron en el lago por el peso del oro que llevaban.

Lesson 7

Exercise 50: 1 Verdadero. 2 Verdadero. 3 Falso. Fue construido
por los españoles. 4 Falso. Martí murió antes de que Cuba
ganara su independencia de España. 5 Verdadero. 6 Verdadero.
7 Verdadero. 8 Verdadero. 9 Verdadero. 10 Falso. Martí escribió
unos versos que después fueron adaptados a la canción
'Guantanamera'.

Exercise 51: 1 En su cuarto viaje Colón desembarcó en
Honduras. 2 El principal objetivo de los conquistadores fue
encontrar oro. 3 En 1821 la guerra civil terminó con la unión
de los países centroamericanos. 4 Guatemala es muy fértil en
parte debido a que tiene agua en abundancia. 5 El principal
vestigio de la civilización maya en Guatemala es Tikal.
6 A pesar de su avanzada civilización, los mayas no conocieron
la rueda. 7 El Salvador es el más pequeño de los países
centroamericanos. 8 El Salvador está en una zona que sufre
muchos sismos. 9 A la llegada de los españoles a América
Central los mayas estaban en decadencia.

Exercise 52: 1 El mayor recurso de Honduras son sus maderas.
2 El Lempira debe su nombre a un cacique indio. 3 El maíz ha
sido el alimento principal de los hondureños por mucho
tiempo. 4 La mayoría de la población hondureña vive en la
capital. 5 Managua ha sido destruida varias veces por los

terremotos. 6 Aguaraco es el nombre de los indios que ocuparon parte de Nicaragua. 7 Rubén Darío fue un escritor distinguido.

Exercise 53: 1 Del ecoturismo. 2 Porque el nivel de alfabetismo es de más del 85%. 3 Veinticuatro. 4 Nadie sabe. 5 (El ingeniero francés) Fernando de Lesseps. 6 Por temor a los ataques de los piratas ingleses. 7 Eliminó casi por completo la fiebre amarilla de la Zona del Canal. 8 En 1914.

Exercise 54: 1 Ha faltado a su palabra, y no escucha los consejos. 2 Fíjate bien en lo que te digo y no te olvides de cumplirlo. 3 Disfruten de la naturaleza y no abusen de ella. 4 Agradezco tu colaboración; me fío de ti totalmente. 5 Cuando asiste a las clases recuerda mucho a su otra profesora. 6 Siento la muerte de tu tío; siempre me acordaré de él. 7 No te fíes de nadie y aguanta todo sin quejarte. 8 Salió de su habitación y se olvidó de todo. 9 Fíjate en su cara y no te fíes de él. 10 Me acerqué a la caja y pagué la cuenta.

Exercise 55: 1 Dudo que sea antipática. 2 No creo que las dos sean gemelas. 3 Te digo que nadie se dio/da/dará cuenta. 4 ¿Crees que Juan quiera/quiere decir algo? 5 No pienses que es cierto. 6 Creo que Pedro no viene a la fiesta. 7 Parecía que iba a nevar. 8 Me imagino que tú sacaste/sacas/sacarás buenas notas. 9 Es obvio que ella te ha mentido. 10 Yo no creo que ellos me puedan vigilar todo el tiempo.

Exercise 56: 1 Uno. 2 Con una familia guatemalteca. 3 Cinco millones de quetzales. 4 Cuatro meses. 5 En Antigua.

Lesson 8

Exercise 57: 1 Por estar situada en la esquina noroeste de Suramérica a Colombia se le llama la puerta de Suramérica. 2 Colombia debe su nombre a Colón. 3 Los llanos colombianos se encuentran al oriente / este del país. 4 Colombia, Venezuela y Ecuador formaron la Gran Colombia. 5 Entre los minerales, el más abundante en Colombia es el carbón. 6 El café es el primer producto colombiano de exportación. 7 Alrededor del dos por ciento del territorio colombiano está dedicado al cultivo de café.

Exercise 58: 1 'Venezuela' significa pequeña Venecia.

2 Venezuela se conoce en el mundo por el petróleo. 3 Los tepuyes son formaciones rocosas. 4 El salto Angel es la catarata más alta del mundo. 5 El Territorio Federal Amazonas y el Estado Bolívar son la Venezuela del futuro. 6 El setenta por ciento del petróleo venezolano se encuentra en el lago Maracaibo. 7 El Parque Nacional Canaima está en el Macizo Guayanés. 8 El petróleo representa el noventa por ciento de los ingresos venezolanos. 9 Venezuela importa el setenta y cinco por ciento de su comida.

Exercise 59: 1 Verdadero. 2 Falso. Hay el doble. 3 Verdadero. 4 Falso. Es todavía un turismo naciente. 5 Falso. Su objetivo es acercar al visitante a la naturaleza y brindarle la oportunidad de conocer el bosque tropical húmedo. 6 Verdadero. 7 Verdadero.

Exercise 60: 1 Lo que tienes que hacer es acostarte temprano y dejar de pensar en tu problema. 2 Es ella la que tiene que hacerlo, no yo. 3 No sé lo que va a pasar cuando mi padre se entere. 4 ¿Son éstos tus libros o los de tu amiga? 5 No te burles del hombre con el que voy a casarme pronto. 6 Tenemos lo necesario. 7 Lamento lo que te dije – discúlpame, por favor. 8 La cama en la que ella duerme no es muy cómoda. 9 La dama por la que Don Quijote hacía locuras se llamaba Dulcinea. 10 Fue mi amigo el que regresó tarde anoche.

Exercise 61: Se ponen en una fuente los pimientos y los tomates. Se rocían con un poquito de aceite crudo y se asan al horno. Después de asados se dejan reposar por una hora y se pelan. Una vez pelados, se pican y se ponen en una sartén con el resto del aceite crudo, el ajo y los cominos (previamente machacados con un poco de sal) y 1/4 de litro de agua. Se ponen a hervir durante 15 minutos, se añade el huevo duro troceado y se deja hervir por otros 5 minutos.

Exercise 62: lo que se necesita (what one needs); se le ofrece (you are offered); se encarga de todo (takes charge of everything); escápese (escape); preocuparse de (to be concerned about); se escape (escapes); relajarse (to relax); anímese (go for it); diviértase (enjoy yourself); se adueña (dominates); no se pierda el tour (don't miss the tour).

Exercise 63: 1 La semana anterior. 2 Porque quiere alquilar un coche. 3 Depende de la clase de vehículo. 4 Un Renault 19. 5 En Maiquetía. 6 No lo puede ni recoger ni entregar. 7 Veinte tres años de edad, mínimo tres años de experiencia y pagar por adelantado. 8 Llenar el tanque de gasolina. 9 Con tarjeta de crédito. 10 Ir a la oficina de Servicar en llegadas y enseñar su comprobante.

Lesson 9

Exercise 64: 1 El aymará es un idioma preincaico. 2 El volcán Pichincha está cerca de Quito. 3 Los Andes dominan la topografía del Ecuador. 4 Las islas Galápagos también se llaman el archipiélago Colón. 5 Lo más característico de las islas Galápagos son las tortugas gigantes. 6 En las islas hay setenta y siete especies de aves únicas. 7 En 1832 Ecuador anexó las islas Galápagos. 8 Las islas Galápagos fueron descubiertas por los españoles. 9 La visita de Darwin a las Galápagos le ayudó a confirmar su teoría de la evolución.

Exercise 65: 1 Falso. Tiene una topografía muy montañosa. 2 Falso. Está en la costa. 3 Verdadero. 4 Falso. También se usan para la producción de carne, lana y leche. 5 Verdadero. 6 Falso. Terminan en las cimas vecinas a Nazca. 7 Falso. Son dibujos de animales. 8 Verdadero.

Exercise 66: 1 Los españoles llamaron a Bolivia el Alto Perú por su semejanza con Perú. 2 Bolivia tomó su nombre de el Libertador. 3 La meseta boliviana es una de las regiones más elevadas del mundo. 4 Setenta por ciento de Bolivia está casi completamente despoblado. 5 En el altiplano boliviano hay grandes minas. 6 En 1884 y 1935 Bolivia se vio envuelta en disputas limítrofes. 7 La quena, el pinkillo y el siku son instrumentos originarios de Bolivia. 8 Cada año a orillas del lago hay una celebración en honor a Manco Capac. 9 Tiahuanaco todavía guarda muchas incógnitas.

Exercise 67: 1 ¿De quién es ese coche/carro? 2 Él vive con mi hermano, quien trabaja en la misma ciudad. 3 El es el hombre a quien se le murió la esposa ayer/cuya esposa murió ayer. 4 Soy el hombre a quien se le averió el coche (carro)/cuyo coche (carro) se averió. 5 Perú, que tenía una de las más avanzadas civilizaciones precolombinas, es rico en minerales. 6 El español que destruyó la civilización inca fue Pizarro. 7 Vimos muchas estatuas gigantes cuyo origen es desconocido. 8 Esa es la chica cuya casa compré/a quien le compré la casa. 9 ¿De quién son estos instrumentos?

10 Los indios, quienes no tienen mucha tierra, son muy ingeniosos.

Exercise 68: 1 Después de la muerte de su esposo, la condesa siempre estaba de luto y se vestía de negro. 2 Los animales nocturnos duermen de día y son activos de noche. 3 Cuando voy de viaje siempre me quedo en hoteles donde sirven buena comida. 4 Aunque no estaba de turno el policía detuvo al ladrón. 5 Un actor tiene que aprender su parte de memoria. 6 No puedo parar ahora. Estoy de prisa. 7 Se ha reído mucho hoy. Está de buen humor. 8 No me pudiste ver porque estabas de espaldas a la ventana. 9 Es tu decisión, pero yo no estoy de acuerdo. 10 Esto está mal hecho. Hágalo de nuevo.

Exercise 69: 1 He comido suficiente. 2 Es demasiado pesado/a para cargarlo/la. 3 Bebieron demasiado vino. 4 El tiene demasiados problemas. 5 Este café no tiene suficiente azúcar. 6 La escalera es suficiente alta. 7 Hay demasiada gente. 8 Ud. Conduce/maneja demasiado rápido. 9 Tenemos bastante/suficiente que aprender. 10 ¿Quién tiene bastante/ suficiente dinero?

Exercise 70: 1 Perú. 2 Henry Meiggs. 3 Treinta y ocho. 4 Ticlio. 5.171 kilómetros. 6 Sesenta y un puentes y sesenta y seis túneles. 7 Por las duras condiciones de los Andes. 8 Contrató obreros chinos y chilenos. 9 En Chile. 10 Porque murió antes de que fuese/fuera terminado.

Lesson 10

Exercise 71: 1 están 2 lugar 3 convergen 4 se precipita 5 Narra 6 se escapaba 7 adorada 8 el tiempo 9 caen 10 ruido

Exercise 72: 1 De Buenos Aires y se llama rioplatense. 2 Por ser bailado por hombres en esquinas callejeras, en áreas pobres y marginadas. 3 El de Buenos Aires o rioplatense. 4 Carlos Gardel. En Medellín y Buenos Aires. 5 Después de la década de 1920. 6 La milonga argentina, la habanera cubana y el flamenco español. 7 La dignidad y las aspiraciones de los desclasados. 8 En Buenos Aires. 9 El baile y la música. 10 La flauta, el piano y el bandoneón.

Exercise 73: 1 Falso. Desde 1888. 2 Verdadero. 3 Falso. La estatua estaba sin terminar. 4 Verdadero. 5 Verdadero.

Exercise 74: 1 ¿Cómo quieres tu whisky? ¿Con soda y hielo?
2 Con la muerte de Felipe e Isabel, quedaron sin protección.
3 ¿Cuántos nietos tienes? – Siete u ocho? 4 No son chilenos,
sino argentinos. 5 No me gusta la poesía, pero sí las novelas.

Exercise 75: 1 He / she is terrified of darkness. 2 The witness
testified under oath. 3 It happened under Roman rule.
4 They preferred to do it by hand. 5 The ruins are ten
kilometres from here. 6 The ceremony had to take place in
the rain. 7 The children are frightened of the dogs. 8 It was
9 o'clock when we arrived. 9 The manager keeps the money
under lock and key. 10 They sell them at five pesos per kilo.

Exercise 76: 1 A mi parecer es mejor caminar. 2 Descansaron
debajo de un árbol. 3 Mi hermano le tiene miedo a su profesor.
4 Prefiero escribir mis cartas a mano. 5 Fuimos a Francia e
Italia. 6 Fue aquí que / donde él murió. 7 Ella vivía al pie de
la colina. 8 Mi abuela vive abajo. 9 Quiere/ama a su nuera.
10 Viven a orillas del Tajo.

Exercise 77: 1 lavarse 2 bailar 3 montando 4 estar
5 caminando 6 escuchar 7 estar 8 nadando 9 buscando
10 volando

Exercise 78: 1 Al terminar sus deberes se dio cuenta de que
ahora entendía. 2 Estamos hablando de la economía. 3 Antes
de morir, el preso confesó su crimen. 4 (Él) no está corriendo
muy rápido este año. 5 (Ella) no se siente bien. 6 Sin ver la
carta, no puedo decidir nada. 7 Mi pasatiempo favorito es ir al
teatro. 8 Después de ganarse la lotería, empezó a tomar. 9 (Él)
está trabajando duro en su nuevo libro. 10 La niña se tomó la
medicina sin llorar.

Exercise 79: 1 Significa 'hombre de la tierra'. 2 Por tres siglos.
3 Alrededor de un millón. 4 El padre de familia. 5 La llegada de
los incas. 6 Araucanos. 7 La chueca. 8 De criadas y camareros.

Mini-dictionary

Although the following is not an exhaustive list of words found in the book, it will be helpful as a quick reference. It is assumed that at this level of attainment in Spanish, the learner will be in possession of a good dictionary, which will do much fuller justice to the range and nuance of meaning of Spanish words.

a caballo entre straddled across
a ciencia cierta with certainty
a diferencia de unlike
a lo largo de along
a lo mejor perhaps
a más de in addition to, besides
a medida que uno se acerca as you get near
a menudo often
a mitad de precio at half price
a orillas on the shores
a pesar de in spite of
a punto ready
a regañadientes grudgingly
a simple vista with the naked eye
a través de through, via
abarca (abarcar) covers
acera, (f) pavement, sidewalk
acercar to bring nearer
acero, (m) steel
acertado (acertar) got it (right)
aconsejar to advise
acueducto, (m) aqueduct
aficionado, (m) amateur
agobiante grinding
agregaron (agregar) added
agrícola agricultural
águila real, (f) golden eagle
aíslan (aislar) isolate
al igual que like
alberga (albergar) gives shelter
alcacel, (m) barley field
alcachofa, (f) artichoke
alcantarilla, (f) sewer
alcatraz, (m) gannet
alcoba, (f) bedroom
aldea, (f) village

alejada isolated
alfabetismo, (m) literacy
alfarería, (f) pottery
alfarero, (m) potter
alfiler, (m) pin
alfombrada (alfombrar) covered
algo something
algodón, (m) cotton
aliado, (m) ally
alimenticio food (product)
alma, (f) soul, heart
almacén, (m) store, shop
almacenar to store, to stock
almeja, (f) cockle
almíbar, (m) syrup
almohada, (f) pillow
aloja (alojar) houses, shelters
alojamiento, (m) lodgings
alojar hold
alojarse to lodge, to stay
alquilar to hire
alquiler de esquís, (m) ski hire
altiplanicie, (f) plateau
altiplano, (m) plateau
alto (lo) the top (of mountains)
altozano, (m) hillock
alumbre, (m) alum
alusiva allusive, referring to
amarillento yellowish
ambiente, (m) ambience, atmosphere
ambos both
amenaza, (f) threat
amo, (m) master
amparo, (m) refuge
añade (añadir) adds
ancestro, (m) background, ancestry

anchura, (f) width
andino Andean
anguila, (f) eel
angula, (f) baby eel
animado lively, colourful
animar to urge on
añoranza, (f) evocation, nostalgia
aparición, (f) appearance
apenas just
aprovechar to take advantage of
apta suitable
ara, (m) altar
araña, (f) spider
arco de herradura, (m) horseshoe
  arch
arco iris, (m) rainbow
arduo hard, exhausting
arma de fuego, (f) fire arm
arrabal, (m) slum
arraigo, (m) enduring popularity
arrancado de torn from (the
  pages of)
arremetió (arremeter) attacked
arribo, (m) arrival
arroyo, (m) stream
arroz, (m) rice
artefacto, (m) object, artefact
artesanía, (f) crafts
artesano, (m) craftsman
artículo deportivo, (m) sports
  item
asa, (f) handle
asegurarse ensure
asistir attend
asno, (m) donkey
asombroso amazing
aspa, (f) arm, blade
ataúd, (m) coffin
aterrizó (aterrizar) forzosamente
  crash-landed
aterrorizar to terrorise
atestiguan (atestiguar) bear
  witness
atropellado run over
auge, (m) peak
augurio, (m) omen
autóctona indigenous

ave, (f) bird
aviador, (m) pilot
azafrán, (m) saffron
azúcar, (m) (Spain), (f) (LAmerica)
  sugar
azucena, (f) water lily
azufre, (m) sulphur
azulejo, (m) (ornamental) glazed tile

bahía, (f) bay
bailaor, (m) flamenco dancer
baile, (m) dancing
bandoneón, (m) small accordion
barca de junco, (f) reed boat
barco de vapor, (m) steam boat
báscula, (f) weighing scales
bases, (f) foundations
bastar to be enough
beatificado beatified
bebida, (f) drink
biblioteca, (f) library
bigote, (m) moustache
billete de regreso, (m) return ticket
blanco, (m) target
boda, (f) wedding
bombardeo, (m) bombing
bombear to pump
borde, (m) lining
bosque tropical húmedo, (m)
  tropical rainforest
bosque, (m) woods, forest
bosquejo, (m) sketch, drawing
brazo, (m) arm
brevemente for a short time
brindarle (brindar) to offer
buque ballenero, (m) whaling ship

caballeresco chivalresque
caballero, (m) knight
cacao, (m) cocoa
cacique, (m) chieftain
cadencia, (f) cadence, rhythm
cafetal, (m) coffee plantation
calamar, (m) squid
caldeira (en) stewed (in a pot)
cálido hot
califa, (m) Caliph

camarón, (m) prawn
camino, (m) track
campana de oro, (f) golden bell
campesino, (m) farmer, peasant
campiña, (f) countryside
campo petrolífero, (m) oil field
caña, (f) cane
cancha, (f) court
cañón, (m) ravine, canyon
canonizado canonised
cantante, (m) singer
cante, (m) singing, song
caraqueño, (m) from Caracas
carbón, (m) coal
cárcel, (f) prison
carmín bright red
carne, (f) beef
carrera, (f) career
caseta, (f) temporary hut
casi no hay Mapuches there are
  almost no Mapuches
castaño brown
catarata, (f) waterfall
caudaloso (river) carrying a high
  water volume
caverna, (f) cave
cayó en manos (caer) fell into the
  hands
cayo, (m) key, islet
cebado fattened
cebolla, (f) onion
cedro, (m) cedar
celtíbero, (m) Celto-Iberian
centenar, (m) hundred
centenaria ancient, old
centolla, (f) spider crab
cerámica, (f) pottery
certeza, (f) certainty
cesta, (f) basket
charango, (m) South American
  stringed instrument made from
  the armadillo shell
charro, (m) Mexican cowboy
chocante shocking
choco, (m) cuttlefish
cientos hundreds
ciervo, (m) deer

cima, (f) summit
circunda (circundar) surrounds
ciudad regia, (f) royal city
cobardes coward (adj)
cobre, (m) copper
codicia, (f) greed
cofradía, (f) brotherhood
colgante hanging
colgar to hang
colibrí, (m) humming bird
colina, (f) hill
colorido, (m) character
comercio exterior, (m) foreign trade
comida, (f) food
comparte con (compartir) shares
  with
comprobante, (m) receipt
con el fin de in order to
con este propósito for this purpose
con gran valor with great bravery
concha, (f) shell
condena, (f) sentence
confesar sus pecados to confess
  one's sins
confieren (conferir) confer
conjunto, (m) set, complex
conjuntos, (m) (musical) groups
cono sur, (m) the Southern cone of
  South America
constitución física, (f) physique
construyó (construir) built
consumido (consumir) eaten
convivencia, (f) coexistence
cordillera, (f) mountain range
corona, (f) crown
corte, (m) cutting, harvest
cosecha, (f) crop
costarricense Costa Rican
cotizado valued, sought after
crece (crecer) grows
crecimiento, (m) growth
cría de animales, (f) animal
  husbandry
criadas, (f) maids
criollo local, vernacular
cruza (cruzar) crosses
cualquier aeropuerto any airport

cualquiera que sea el estado whatever the state
cuartel, (m) barracks
cuchara, (f) spoon
cuenta con (contar) has
cuento, (m) story
cuerda, (f) rope
culminado (culminar) finished
cultivo, (m) farming
cumbre, (f) summit
cuna, (f) cradle
cuña, (f) wedge
curar (quesos) to cure (cheeses)
cúspide, (f) height, pinnacle

da (dar) lugar causes
dado que given that
dama durmiente, (f) the sleeping lady
dan empuje a drive
daño, (m) injury
data de (datar) dates from
de acuerdo (estar) to agree
de atrás back, rear
de la nada out of nothing
de que habían sido objeto which they had been subjected to
de veras truly
de vez en cuando from time to time
debe su nombre owes its name
debido a esto owing to this
decaer to decline
dependendiendo (depender) depending
derecho right
derrota, (f) defeat
derrotar to defeat
derrumbada (derrumbar) pulled down
derrumbe, (m) landslide
desarrollo, (m) development
desclasados, (m) the underclasses
descuellan (descollar) stand out
deseable desirable
desembarcó (desembarcar) to land
desembocadura, (f) estuary

desempeñaba (desempeñar) un papel played a role
deseo, (m) wish
desesperante unbearable,
deshabitada uninhabited
deshielos, (m) thaw, melting
desigual unequal
desnivel, (m) the fall, incline
despejado cloudless
despensa, (f) larder
despliega (desplegar) displays
despoblada unpopulated
despojo, (m) loot, booty
destacar to highlight
destreza, (f) skill
deuda externa, (f) external debt
devuelta (dar) returned
diablo, (m) devil
dibujo, (m) drawing
diezmado decimated
diezmaron (diezmar) decimated, killed
diminuta minute
diseño, (m) design
disponer de to have (facilities)
distorsionado distorted
diversidad sanguínea, (f) blood type diversity
divisa, (f) foreign exchange
domingo de Pascua, (m) Easter Sunday
doncella, (f) maiden

echar mi suerte to throw my lot (with the poor)
Edad Media, (f) the Middle Ages
ejerce (ejercer) to exert
ejército, (m) army
elevado high
embistió (embestir) charged
emblema, (m) emblem, symbol
emocionante exciting
empanada, (f) pasty
empotrado built in
emprendedor entrepreneurial
en busca de in search of
en gran medida to a great extent

en gran parte to a large extent

en manos de particulares in private hands

en realidad truly, in reality

en un principio at the beginning

en vías de in the process of

enamorado de in love with

encantado enchanted

encanto, (m) charm, enchantment

encierra (encerrar) holds

enclavada entre bordered by

encrucijada, (f) cross roads

enemistad, (f) hatred, dislike

enriquecieron (enriquecer) enriched

enseñanza, (f) teaching

entorno, (m) surroundings

entrada, (f) inlet

entrar en batalla to go into battle

entregar to return

entregarse a to devote oneself to

envuelta (envolver) involved

envuelto en un velo de misterio y leyenda shrouded in mystery and legend

época de caballerías, (f) era of chivalry

equipo, (m) team

equitación, (f) horsemanship

era interpretada (the music) was played

erigida (erigir) erected

ermitaño, (m) hermit

erosionado worn out

es capaz is capable

es fuente is the source of

escalera, (f) staircase

escarpada falda, (f) craggy slope

escasa scarce, limited

escasamente thinly, sparsely

escoria, (f) slag, dross heap

escondida hidden

escudero, (m) squire

escudo de armas, (m) coat of arms

esfuerzo científico, (m) scientific effort

especie, (f) variety

espejo, (m) mirror

esplendor, (m) splendour, grandeur

espoleó (espolear) to stir up on

espuma, (f) foam

esquiador, (m) skier

esquina, (f) corner

estación invernal, (f) winter season

estación rastreadora de satélites, (f) satellite tracking station

estadía, (f) stay

estaño, (m) tin

estanque, (m) pond

estatura, (f) height

estirarse stretch

estrecha narrow

estrechamente ligado closely linked

estrecho narrow

estruendo ensordecedor, (m) deafening noise

estuario, (m) estuary, delta

evitar avoid

evolucionó, (evolucionar) evolved

extenso vast

fachada, (f) façade

falta de lluvia, (f) lack of rain

fanaticada, (f) fan club

feira (a la) Fair style (Galician)

fenicio Phoenician

fenómeno de la naturaleza, (m) a unique human being

fiera fierce

floreciente flourishing

flujo, (m) flow

fluvial pertaining to rivers

fomentaron (fomentar) encouraged

fomentó (fomentar) promoted

fondo, (m) background

forestal timber (adj.)

forjado, (m) forging (metal)

fortaleza, (f) fortress

fracasaron (fracasar) failed

fracaso, (m) failure

franja, (f) strip (of land)

fuente, (f) fountain

fuerza de choque, (f) spearhead

fútil trivial, pointless

gaditana from Cadiz
gaita, (f) wind pipe
gallega Galician
gallega (a la) Galician style
ganadería, (f) cattle breeding
garbanzos, (m) chickpeas
gasolinera, (f) petrol station
gaviota, (f) seagull
gente, (f) people
genuinamente mexicano genuinely Mexican
gitano, (m) gypsy
gobernante, (m) governor
gozan (gozar) to enjoy
granito, (m) granite
grano, (m) bean
grelo, (m) parsnip/turnip tops
guacamayo, (m) macaw
guantanamera, (f) (Goajiro indian) from Guantanamo
guaraní Guarani (indian)
guarda (guardar) harbours, keeps
guardería infantil, (f) child care
guatemalteco, (m) Guatemalan
guerrero, (m) warrior
gusto establecido, (m) conventional taste

ha experimentado has experienced
ha llegado (llegar) a ser has become
ha ocasionado (ocasionar) has caused
habanera, (f) Cuban dance
habían jugado (jugar) un papel had played a role
hace (hacer) parte de is part of
hace un buen tiempo it's been long enough
hacer batalla to battle
hallazgo, (m) finding
hambre, (f) hunger
han mantenido (mantener) have kept
haza, (f) small plot of (arable) land

hecho, (m) event
herencia, (f) inheritance
herradura, (f) horseshoe
herramienta, (f) tool
herreriana herrerian (after Herrera, a Spanish architect)
hierro, (m) iron
hilo, (m) fibre, cotton
holandés Dutch
hondureña, (f) Honduran
hospedarse to lodge, to stay
hospedería, (f) hostel, inn
huella, (f) trace, imprint
huía (huir) was fleeing
hulla, (f) coal
humo, (m) smoke

idioma, (m) language
iluminación pública, (f) street lighting
implemento, (m) tool
imprenta, (f) printing press
impuesto, (m) tax
impulsar to propel
incendio, (m) a fire
incensario incense burner
incluso including
indeleble indelible
industria conservera, (f) canning industry
industria ferroviaria, (f) railroad industry
ingeniada made up, contrived
ingeniaron (ingeniar) contrived
ingenio, (m) sugar cane mill
ingenuidad, (f) naivety
ingresó (ingresar) to enrol
inhóspito inhospitable
instrumento de cuerda, (m) stringed instrument
instrumentos de viento y percusión wind and percussion instruments
intento, (m) attempt
interpretación pública, (f) public showing, performance
interpuesta (interponer) interposed

intrincado intricate
inundación, (f) flood
islandés, (m) Icelander
islote, (m) rocky island
istmo, (m) isthmus
izquierdo left

jaca, (f) small horse
jarra, (f) jug
jinete, (m) horse rider
jóvenes, (m) young people
juego, (m) gambling
jugar un papel to play a role
junto con together with
juventud, (f) youth

la vida le fue muy ardua, (f) life
  was very hard for him
laborioso hard working
lacón, (m) shoulder of pork
ladera, (f) hillside
langosta, (f) lobster
langostino, (m) king prawn
lanza (lanzar) throws
lanzó (lanzar) launched
lapón, (m) Laplander
lastimosamente alas, sadly
late (latir) beats
le dieron (dar) vida brought it to life
le obsequió (obsequiar) gave him
lección de historia, (f) history
  lesson
lecho, (m) river bed
lenguado, (m) sole
lenta slow
lentamente slowly
lente, (m) lens
letra, (f) lyrics
líder, (m) leader
lienzo, (m) canvass
limítrofe border (adj.)
litoral, (m) shoreline
llano, (m) plains
llanura, (f) plains
llegada, (f) arrival
lleva dos siglos cultivándose has
  been grown for two centuries

lo demás everything else
lo difícil the difficult thing to do
lo sitúa (situar) places it
lo único the only thing
lograron (lograr) managed
longitud, (f) length
los mismos mexicanos, (m) the
  Mexicans themselves
lubina, (f) sea bass
lucha, (f) struggle
luego later
lupa, (f) magnifying glass

macizo, (m) massif
madera, (f) wood, timber
mala artes, (f) trickery, deceit
maltrecho battered, injured
mandé (mandar) sent
mandíbula, (f) jaw
mandó (mandar) ordered
manejo del caballo, (m) horse
  control
máquina pisapistas, (f) a snow
  levelling machine
máquina, (f) the machine (the body)
maquinaria, (f) machines
marca, (f) marking, line
marcadamente considerably
margen, (f) (river) bank
marisco, (m) seafood
marisma, (f) marsh
más me convenzo (convencer)
  I am more convinced
más que nada mostly
matiz, (m) nuance
me matriculé (matricularse)
  enrolled, registered
mejillón, (m) mussel
mejoramiento, (m) improvement
menos en except for
mercancías, (f) goods, merchandise
meridional southern
merluza, (f) hake
mero, (m) grouper
meseta, (f) plateau
mezcla, (f) mixture
mezquita, (f) mosque

milenio, (m) millennium
milonga, (f) an Argentinian dance, precursor of the tango
minarete, (m) minaret
mitad, (f) half
mole, (m) spicy chocolate sauce
molienda, (f) milling (of sugar cane)
molino de viento, (m) wind mill
mono, (m) monkey
montaña humeante, (f) the smoking mountain
montaña vecina, (f) neighbouring mountain
montañoso mountainous
monte, (m) the mountains
morfología, (f) morphology, structure
moro, (m) moor
muchedumbre, (f) crowd
muerte, (f) death
muestra, (f) example
muralla, (f) (city) wall
muro, (m) wall
musulmán, (m) Muslim
muy accidentada very rugged

nacido born
naciente emerging
nacimiento, (m) birth
nació (nacer) to be born
nada menos que not less than
nave, (f) nave
navegante, (m) sailor
negruzca blackish
nicaragüense Nicaraguan
niebla, (f) fog
nieve perpetua, (f) permanent snow
nítida clear
no es necesario que se ponga así there is no need for that
no hace falta it is not necessary
no huyáis (huir) don't flee, don't run away
no obstante nevertheless
no sólo not only
norteño from the north

novela de caballería, (f) a chivalresque novel
nube, (f) cloud

obispado, (m) bishopric
obreros, (m) workers
ocupa (ocupar) employs
ojalá let's hope...
ojival ogival
ombligo, (m) navel
óptimo best
oración, (f) prayer
osado daring
oso hormiguero, (m) ant eater
ostra, (f) oyster
otorga (otorgar) confers

pagar por adelantado to pay in advance
paiño, (m) petrel
paisaje, (m) landscape
pájaro carpintero, (m) woodpecker
palabra, (f) word
palatina palatial, palatine
palma, (f) palm tree
pan, (m) pastry
pantalla, (f) screen
para colmo de las desgracias to cap it all
para ese entonces by then
parador, (m) state-owned hotel
parrilla, (f) gridiron, grill
pasar de moda to go out of fashion
pase, (m) ski pass (document)
pasear to go sight seeing
Patrimonio Cultural de la Humanidad, (m) World Cultural Heritage Site
patrocinada sponsored
patrón, (m) pattern
peaje, (m) toll
pelo oscuro, (m) dark hair
pelota de mano, (f) handball
pendiente, (f) slope
percebe, (m) barnacle
pérdida, (f) loss
peregrinación, (f) pilgrimage

pergamino, (m) parchment
permanecer sentado to remain
  seated
permaneció (permanecer)
  remained
pertenece (pertenecer) belongs
pesca, (f) fishing, fish
pesquera fishing (region)
pico, (m) peak, height
piedra preciosa, (f) precious
  stone, jewel
pimiento, (m) peppers
pincelada, (f) brush stroke
pinkillo, (m) South American
  whistle flute
pintoresca picturesque, colourful
pinzón, (m) finch
pista, (f) piste, ski slope, runway
pizca de sal, (f) a pinch of salt
plancha (a la) grilled
plasmar to forge
plateresca plateresque
plaza, (f) place
plenamente fully
pleno esfuerzo, (m) maximum
  effort
plomo, (m) lead
pluviosidad, (f) rainfall
poblado populated
poder, (m) power, possession
polea, (f) pulley
política, (f) politics
político, (m) politician
pólvora, (f) gunpowder
por consiguiente consequently
por lo menos at least
por supuesto obviously, of course
por temor for fear
por una extraña coincidencia by
  a strange coincidence
potro cerril, (m) bronco, wild
  horse
preceden (preceder) precede
precipitación, (f) rainfall,
  precipitation
predominantemente
  predominantly

presagiado (presagiar) foretold
presidida (presidir) presided
presta (prestar) atención pays
  attention
Primado Primate, Cardinal
productor mundial, (m) world
  producer
profundidad media, (f) an
  average depth
promedio, (m) average
promontorio, (m) promontory, hill
proporción, (f) ratio
propósito, (m) purpose
proveniente coming from
proviene (provenir) originates
pueblo, (m) civilisation
pulpo, (m) octopus
pulsaciones, (f) beats
punto cardinal, (m) cardinal point
punto de descanso, (m) resting
  point
puso fin (poner) put an end to

queda (quedar) is located
quedan (quedar) remain
quemado (quemar) vivo burnt alive
quena, (f) South American notched
  flute
quincena, (f) fortnight
quítate de ahí out of the way

rabo, (m) tail
radicarse to establish oneself
raíz, (f) root, stem
ramo de flores, (m) bouquet
raqueta, (f) racquet
rasgos, (m) characteristics
rayo láser, (m) laser ray
razón de ser, (f) raison d'être
rebote, (m) bounce
recibirlo to greet him
recinto, (m) place
recoger to pick up
reconquistada (reconquistar)
  recaptured
recuperar su dignidad regain
  their dignity

recursos petrolíferos, (m) oil resources

recursos, (m) resources

red, (f) network

reducido (reducir) a escombros razed to the ground

refugiado, (m) refugee

refulgiendo (refulgir) shining

regada (regar) irrigated

regadío, (m) irrigation

rehén, (m) hostage

reinado, (m) reign

reliquia, (f) relic

relleno, (m) filling

reloj, (m) watch, clock

remonte, (m) lift

Renacimiento, (m) the Renaissance

renombre (de más), (m) best known

renta nacional, (f) national income

reo, (m) prisoner

repartido scattered

repollo, (m) cabbage

repostería, (f) confectionery

restos, (m) remains

resulta (resultar) que it emerges that

reto, (m) challenge

retrasos, (m) delays

retumba (retumbar) reverberates, echoes

reúne (reunir) brings together

revés, (m) defeat

rezar to pray

ría, (f) estuary

ribera, (f) (river) bank

riguroso hard, severe

riña, (f) fight

rincón, (m) corner

rioplatense from the Buenos Aires region

rodaballo, (m) turbot

rodeada surrounded

romería, (f) pilgrimage, journey

rugido, (m) roar

rupestre rupestrian, rock (adj.)

ruta alterna, (f) alternate route

sábalo, (m) shad

sabor, (m) flavour

saborear to relish, to appreciate

sacerdote, (m) priest

sacristía, (f) sacristy

sala de fiesta, (f) party room

salpicada sprinkled

salto, (m) waterfall

saque, (m) serve

sardo, (m) Sardinian

se abastecían (abastecerse) were supplied

se adoba (adobar) is seasoned

se ahogaron (ahogarse) drowned

se asemeja (asemejarse) looks like

se caía (caerse) fell

se conjugan (conjugarse) blended together

se convirtió (convertirse) became

se cuentan (contarse) include

se dejó guiar (dejarse) allowed himself to be guided

se deleita con (deleitarse) enjoys, delights in

se derrite (derretirse) melts

se desborda (desbordarse) drops, overfalls

se desgajan (desgajarse) fall

se destacan (destacarse) stand out

se dieron cuenta (darse) realised

se dirigieron (dirigirse) went to

se diversifique (diversificarse) diversify

se dividen (dividirse) en tres ramas split into three branches

se elevan (elevarse) raise

se encomendó (encomendarse) put his trust in

se encuentra (encontrarse) is found

se enorgullecen (enorgullecerse) are proud

se estableció (establecerse) established itself

se estancan (estancarse) stop (to flow)

se extendió (extenderse) expanded

se extienden (extenderse) hasta they reach as far as

se formó (formarse) was formed

se ganó (ganarse) earned

se hallan (hallar) are found

se han asentado (asentarse) have established themselves

se impuso (imponerse) got established

se inauguró (inaugurarse) opened

se iniciaron (iniciar) gestiones negotiations started

se intercalan (intercalar) alternate

se les llama (llamar) are called

se levanta (levantarse) rises

se marchó (marcharse) went, left for

se nota (notar) can be seen

se presta (prestarse) lend yourself

se puede uno olvidar one can forget

se pueden ver (poder ver) can be seen

se refugió (refugiarse) sought refuge

se remontan (remontarse) date from

se reservaron el derecho (reservarse) reserved the right

se retan (retar) los unos a los otros challenge each other

se rindió (rendirse) surrendered

se rocía (rociar) sprinkled

se tarda (tardar) takes (time)

se usaban (usar) were used

se vengó (vengarse) took revenge

se volvió pedazos (volver) broke into pieces

seca dry

seguidores, (m) followers

seguirle (seguir) los pasos to follow in his footsteps

seguro, (m) insurance

selva tropical, (f) rain forest

selva virgen, (f) thick (wild) jungle

sembrada (sembrar) planted

semejan (semejar) resemble

señal divina, (f) heavenly sign

septentrional northern

sepulcro, (m) tomb, sepulchre

sequedad, (f) dryness

ser ordenado sacerdote to be ordained priest

serranía, (f) mountain range

servir de intérprete to serve as an interpreter

siempre que conduzca whenever you drive

sierra, (f) mountain range

siku, (m) South American wind instrument

similitud, (f) similarity

sin costo alguno (coste, Spain) with no charge

sin igual unique

sinagoga, (f) synagogue

sismo, (m) earth tremor

sistema de montañas, (m) mountain range

sitio, (m) siege

soleada sun-bathed

sometida (someter) subjected

sonido, (m) sound

sorber el seso a to turn the mind of

sótano, (m) basement

suavidad, (f) smoothness

súbitamente suddenly

subyugado (subyugar) subjected, conquered

suele (soler) ser is usually

suelo natal, (m) birthplace

supuesta alleged

surco, (m) furrow

sureño from the south

surgido (surgir) emerge

surgió (surgir) arose

surtidor, (m) water jet

susurro, (m) rustle

sutileza, (f) subtlety

tablao, (m) place where flamenco is performed

tacón, (m) heel (of shoe)

taconeo, (m) tap dance

tallada cut (stones)

tarjeta de crédito, (f) credit card

tasa de inflación, (f) inflation rate
taza, (f) cup
tejido, (m) fabric, cloth
temporada, (f) season period
temprana early
tenaz tenacious
terraza, (f) terrace
terremoto, (m) earthquake
territorio, (m) land
Tierra Prometida, (f) the Promised Land
tipo de sangre, (m) blood type
tonta silly
topónimo, (m) placename
torrente, (m) river flow
torreón, (m) turrets
tortilla, (f) maize pancake
traductor, (m) translator
trajeron (traer) brought
transcurso, (m) passing (of time)
tras after, behind
trazar to outline
trazo continuo, (m) continuous stroke
tribu, (f) tribe
tributo, (m) tax
trigo temprano, (m) early wheat
trucha, (f) trout
tucán, (m) toucan
tumba, (f) tomb, grave
tumbar el toro to 'throw' a bull

un poco más del doble more than twice
única only
unirse to join

varían (variar) vary
vatio, (m) watt
vega, (f) fertile plain, meadows
vegetación selvática, (f) woodland
veleta, (f) weather-vane
velocidad, (f) speed
veloz fast
venado, (m) deer
vengarse to take revenge
venta, (f) sale
ventajosa advantageous
verdear to turn green
verso, (m) poem, poetry
vestigio, (m) vestige, remnants
viajero, (m) traveller
vía, (f) road
vínculo, (m) link
viñedo, (m) vineyard
vista (a la) in sight
vista, (f) eyes, sight
vistas, (f) views
vistosa colourful
vitral, (m) stained window
vivienda, (f) dwelling
vuestra merced, (f) your lordship

yacimiento, (m) bed, deposit

zanahoria, (f) carrot
zapateado, (m) tap dance
zona de reserva, (f) natural reserve
zorzal, (m) thrush

Index